서울대
기숙사

서울대생들의 공부 · 꿈 · 열정이 숨 쉬는 곳

서울대 기숙사

초판 1쇄 발행 2012년 3월 9일
초판 3쇄 발행 2012년 8월 10일

지은이 조장환 · 정대영 · 윤혜령
펴낸이 김선식

Chief editing creator 이선아
Editing creator 박은정
Design creator 이나정

3rd Creative Story Dept. 이선아 정지영 박고운 전소현
Creative Design Dept. 최부돈 박효영 김태수 이나정 손은숙 조혜상
Creative Marketing Dept. 이주화 원종필 백미숙
  Online Team 김선준 박혜원 전아름
  Public Relation Team 서선행
  Contents Rights Team 김미영
Creative Management Dept. 김성자 송현주 송송이 윤이경 김민아 한선미
Out Sourcing 표지 일러스트 허경미, 본문 일러스트 신지원, 조판 유민경, 사진 이홍열

펴낸곳 (주)다산북스
주소 경기도 파주시 회동길 37-14 3층
전화 02-702-1724(기획편집) 02-6217-1726(마케팅) 02-704-1724(경영지원)
팩스 02-703-2219
이메일 dasanbooks@hanmail.net
홈페이지 www.dasanbooks.com
출판등록 2005년 12월 23일 제313-2005-00277호

필름 출력 스크린그래픽센타
종이 월드페이퍼(주)
인쇄 · 제본 (주)현문

ISBN 978-89-6370-831-7 43040

서울대생들의 공부·꿈·열정이 숨쉬는 곳

서울대
기숙사

조장환·정대연·윤혜령 지음

다섯
에듀

2010년 4월, 햇살이 유난히 따사로웠던 봄날. 기숙사에서부터 너른 잔디밭이 펼쳐진 버들골까지 주변의 벚꽃 나무들은 은은한 분홍빛깔 향기로 사람들을 에워쌌다. 아름답고 몽환적인 분위기가 물씬 느껴지는 길을 지나가다 보면 오래된 구관 기숙사 건물이 허물어진 자리에 새로운 건물이 들어서고 있었다. 기숙사 절반의 역사가 머릿속을 스치고 지나갔다. 우리가 살았고, 공부하고, 사랑하고, 꿈꿨던, 우리의 추억이 깃든 공간. 그 공간은 어느새 시간 뒤편으로 사라지고 새로운 역사가 시작되려 하고 있었다. 건물은 허물어지고 다시 세워진다. 우리의 아름답던 기억들도 사라져 간다. 그리하여 오랫동안 기숙사에 살았고 또 그 품 안에서 많은 추억을 쌓아온 우리에게 작은 바람이 생겼다.

"우리의 소중한 추억이 모든 사람들에게 기억되었으면 좋겠어."

사실 '우리'가 이 글을 쓰기까지 좋은 사람들이 함께 고민을 하고 또 졸업을 했다. 버들골 벤치에 앉아 책에 대한 아이디어를 처음 생각하게 해줬던 지원이는 일러스트로 우리와 끝까지 동행해주었고, 달밤에 조깅을 하면서 이 책의 시작을 함께 하려 했던 우성이와 재혁이는 졸업을 하게 되어 뒷일을 부탁하며 '우리'가 모일 수 있게 해주었다. 서로의 거처인 기숙사 900동에서 921동으로, 921동에서 905동으로 전화가 오가기 시작했다.

학교에서 보낸 시간이 거의 10년이 다 되어가는 터라 하고 싶은 이야기들은 참으로 많았다. 각자 학번도, 전공도, 성별도 달랐지만 20대 청춘을 서울대학교 안에서 학부생으로서, 졸업한 이후엔 대학원생으로 생활하며 학교가 변화하는 모습을 가장 가까이서 지켜볼 수 있었으니까 추억은 제법 두터웠다.

우리에게는 서울대학교 기숙사, 줄여서 관악사라고 부르는 이곳의 동조교라는 또 하나의 큰 공통점이 있었다. 몇 년 동안 각 동의 동조교를 맡아 한 사람이 자기 동의 200명이 넘는 학부생들과 같이 생활하고 그들의 이야기에 귀 기울이면서 우리는 서울대 기숙사가 마치 하나의 거대한, 숨 쉬는 공동체인 것처럼 느꼈다.

자연스럽게 우리는 '서울대 기숙사'의 이야기를 쓰고 싶어졌다. 우리의 진심과 사연에 공감한 다산북스에서 제일 먼저 연락이 왔다.

아마 그때가 가장 떨리던 순간이 아닐까 싶다. 그렇게 2011년 3월 초부터 12월까지, 10개월이라는 시간이 흘렀다.

셀 수 없을 만큼 우리는 참 많이 만나서 어떤 이야기들을 쓸지 고민했다. 재미있는 에피소드들이 생각나면 서로 옛 추억에 잠기며 웃기도 하고 공감하기도 했다. 간직하고 싶은 기억들을 하나씩 떠올리며 많은 에피소드를 썼지만 이 책에 실리지 않은 글들도 무척 많다. 책에 싣지 못한 이야기들에 관심이 있는 독자들이 있다면 다른 좋은 기회에 공유할 수 있었으면 좋겠다. 글을 쓰면서 동시에 한여름 땡볕과 영하의 날씨 속에 학교 곳곳을 다니며 사진을 찍고, 많은 사람들의 도움을 받았다. 이 책을 쓰면서 한 해가 지나갔다. 추억을 정리하기 위해 시작한 일이었는데, 또 다른 추억들이 새록새록 쌓여만 갔다.

세 사람 모두가 많이 고심했던 부분은 어떻게 하면 우리의 추억들이 독자들에게 때로는 웃음을 주고, 때로는 감동을 주는 그런 에세이들로 전달될 수 있을까 하는 것이었다. 다양한 경험을 재치 있고 생동감 있게 그려낸 장환, 진지하고 사색적인 내용부터 유쾌하고 재기발랄한 글까지 소화하는 만능 작가 대영, 여성스런 감수성의 세심한 혜령. 이렇게 세 사람의 빛깔을 합쳐 최대한 많은 경험들을 그려낼 수 있었다. 아무쪼록 독자 분들께서 서울대 기숙사를 머릿속에 그려내면서 재밌게 읽어주셨으면 좋겠다.

6

끝으로 조교 생활을 하는 동안 많은 도움을 주신 관악사 사감님, 부사감님, 본부장님, 우리 조교들과 직원 분들께, 멋진 사진을 제공해준 친구 이홍열, 최고의 일러스트로 함께 해준 신지원과 출간하기까지 세심하게 챙겨 주신 다산북스 김선식 대표님과 박은정 선생님께 감사의 말씀을 드린다.

2012년 3월, 관악사에서
저자 일동

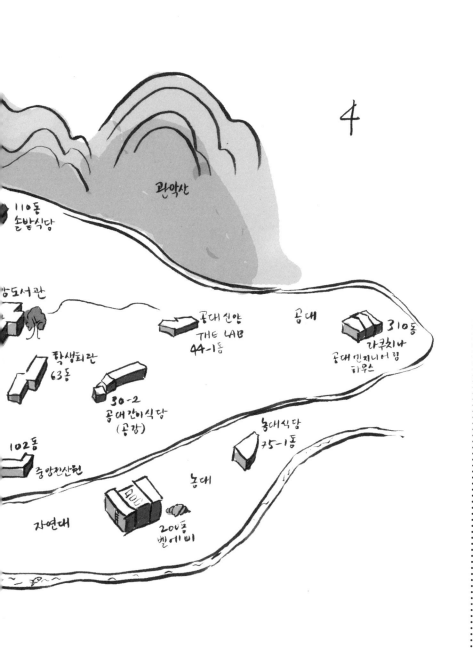

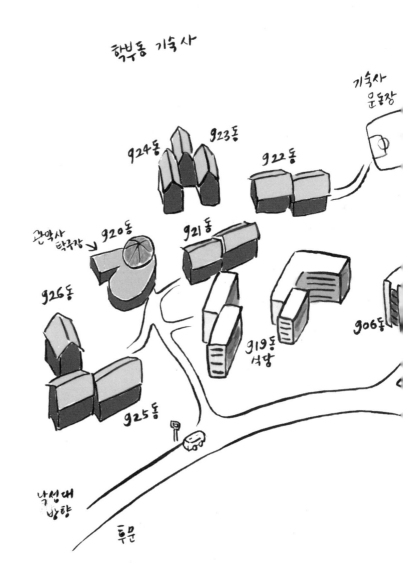

서울대학교 기숙사 MAP

학부동 기숙사

기숙사
운동장

924동
923동
922동

관악사
탁구장
920동
921동

926동

919동
식당

906동

925동

낙성대
방향

후문

4

대학원동 기숙사

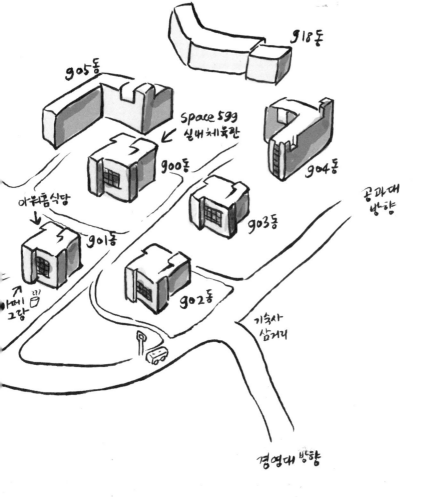

918동

905동

Space 599
실내체육관

900동

904동

공과대
방향

아워홈식당

903동

901동

902동

기숙사
삼거리

아떼
그랑

경영대 방향

차 례

프롤로그 · 4
서울대학교 MAP · 8
서울대학교 기숙사 MAP · 10

1장

즐거운 나의 기숙사

기숙사 처음 들어오던 날 · 18
살다보면 그리워지는 풍경이 있다 · 22
즐거운 나의 집 · 24
꽁꽁 언 손 · 28
두 사감님 이야기 · 31
마음의 불이 꺼지지 않는 곳 · 34
룸메이트 성철이 · 38
혼자 울지 말아요 · 42
산골 안, 문화 커뮤니티 · 46
종교 기도실 · 51
따뜻한 마음들이 모여 · 54
관악사 챔피언스 리그 · 58
고양이 키우면 안 돼요 · 63
기숙사 야식 예찬 · 67
벌점과 모범 사생 · 72
뜨거운 코트를 가르며 슬램덩크 · 76
함께 살아가기를 배우다 · 79
TIP. 서울대 식당 탐구생활 · 79
TIP. 서울대 카페 탐구생활 · 88

누가 서울대생을 공부벌레라고 했지?

동팅, 두근두근 이상형과의 만남 · 100

역사가 있는 곳엔 반드시 · 106

한여름밤의 세레나데 · 109

낭만 교수님 · 112

내 사색의 공간 자작나무길 · 116

별빛 쏟아지는 마구간에서의 낭만 · 119

공용공간 습격사건 · 124

달밤에 좌킹 · 129

게임의 유혹 · 132

음악 속에서 자유를 찾다 · 135

냉장고 도난 · 138

우렁각시 되어보기 · 141

벌레, 벌레… · 145

space 599 · 148

연애 만들기 · 151

추억 만들기 · 154

TIP. 서울대 수업 탐구생활 · 164

TIP. 서울대 동아리 탐구생활 · 175

3장

맞아, 서울대였지!

시내버스가 들어오는 학교 • 180

서울대가 준 선물 • 183

서울대생들의 필통 • 187

맞아, 여기는 서울대였지 • 190

학회 전날 밤의 고군분투 • 194

여긴 항상 밝았잖아, 낮이나 밤이나 • 197

불 켜진 토요일밤 • 200

시험 기간, 도서관 24시 • 203

끝나지 않는 두 글자, 시험 • 206

역전의 오총사와 학점 헤는 밤 • 210

죽을 것처럼 힘들지만 다 잘 될 거야 • 217

TIP. 서울대 인근 탐구생활 • 224

TIP. 서울대 행사 탐구생활 • 231

4장

청춘이니까 우리 미래는 안전 긍정

나는 예비 직장인입니다 • 236

나는 나비 • 240

어쩌겠는가, 이 또한 지나가겠지 • 245

위로가 되어준다는 것 • 248

휴학 권하는 사회 • 251

기숙사 기인 • 254

보칵쌩 로맨스 • 257

내가 가는 이 길이 어디로 가는지 • 262

가난한 대학원생의 노래 • 266

꿈을 짓습니다! – 해비타트 • 269

참 다행이다 • 274

소원 빌기 • 278

TIP. 특이한 서울대생 탐구생활 • 283

에필로그 • 286

1장

즐거운
나의 기숙사

기숙사 처음 들어오던 날

설레는 마음을 안고 서울대 정문을 통과했다. 주차요원 아저씨께 물어보니 기숙사에 가려면 여기서 좌회전을 하고 쭉 더 올라가야 한다고 한다. 경영대와 체육관을 지나 쭉 더 올라가니 삼거리가 나온다. 차들이 벌써부터 꽉 막혀있다. 조금 더 일찍 왔어야 했는데 싶은 마음이 든다. 빨간색 벽돌과 검은색 기와지붕이 조화롭게 어울려 옹기종기 모여 있는 건물 동들이 고풍스러워 보인다. '이곳에서부터 나의 낭만적인 대학생활이 시작되겠구나' 생각하니 기분이 들뜬다.

봄비가 내린다. 기분 좋게 보슬보슬. 차례를 기다리다 배정받은 921동으로 들어가려 하니 노란색 우의를 입은 동조교님이 짐만 내려놓고 바로 나와야 된다고 한다. 그렇게 짐을 내리고 마주한 기숙사 학부동 921동. 벌써부터 먼저 온 친구들로 엄청 복잡하다. 문 앞에는 큰 글씨로 '서울대학교 기숙사 입사를 환영합니다'라는 포스터가 붙어있었고, 그 옆 게시판에는 "꼭 동조교실에 먼저 방문해서 입사절차를 밟아주세요" 하는 문구가 보인다.

저기 서글서글하게 인상 좋아 보이는 형이 921동 동조교인가보다. 잘생겼다. 무척 분주해 보이는데도 웃으며 하나하나 설명해주는 모습에 왠지 믿음이 간다. 내 신분을 확인하더니, 입사체크리스트, 생체정보인식 동의서 같은 희귀한 제목의 문서를 건넨다.

"입사체크리스트는 방 안의 물품이 원래 있는 물품의 체크리스트와 부합하는지 본인이 확인을 해야 합니다. 퇴사 시 입사할 때와 변동 사항이 있으면 보증금에서 그 차액만큼 돈을 차감시키니, 꼼꼼히 살펴봐요. 생체정보인식 동의서는 현관문을 들어올 때 손등을 인식해서 들어오는 시스템에 개인의 동맥정보를 제공하는 것을 동의한다는 내용입니다. 서류상으로 확인을 해야 하니 사인 해주세요."

그러고는 빨래 바구니와 흰색 침대 시트 한 장을 준다. 동맥정보 인식이라니… 영화에서나 나올 법한 최첨단 시스템이 있다는 사실에 내심 놀랐다.

"감사합니다."

인사를 하고 방에 올라가 설레는 마음으로 방문을 열었다.

순간 콩닥콩닥 하던 내 심장이 뚝 멈췄다. 이런, 이게 뭐야. 텔레비전에서 보는 기숙사는 이것보다 훨씬 좋았는데. 사람이 지나다닐 수 있는 작은 통로 하나와 무미건조한 색의 책상과 책장, 옷장, 신발장이 양 옆으로 있고 먼지 쌓인 인터폰 하나가 책상 위에 덩그러니 놓여있다. 나무로 만들어진 창문은 낡았고, 출입문에는 음식 배달 전단지들이 덕지덕지 붙어있다.

'아… 밖에서 보는 거랑 완전 다르잖아. 실망스러운데.'

룸메이트가 될 아이는 아직 안 왔나 보다. 청소를 시작한다. 쓸고 닦고를 세 번하고 나니 이제 좀 공간에 대한 정이 든다. 여기 저기 있는 낙서와 자국 모두가 이 방에서 살다간 선배들이 '나 여기 있었노라' 하고 남겨둔 자취 같다. '그러고 보니 이거 역사잖아.' 역사의 현장 속에서 대학생활을 하게 될 거라 생각하니 아까 실망했던 마음과는 사뭇 다른 마음가짐이다.

이불을 펴고 책장에 책을 채워 넣고, 컴퓨터를 설치하고 옷을 옷장에 넣고 보니, 나만의 공간이 생겼다. 의자에 앉아 괜히 등을 한번 밀어도 보고, 침대에 누워보기도 한다. 익숙해지면 정이 든다고, 이젠 이 공간이 아늑하다. 다시 방 곳곳을 살펴보니 낡고 노후하다는 느낌은 사라지고, 오래되었지만 고풍스러운 공간으로 느껴진다.

밖에는 아직 이사하는 친구들로 분주하다. 모습도 가지각색이다. 저기 보이는 곱슬머리 애는 아까 내 뒤에 있었는데 3대 독자란다.

한 명 이사하는데 열한 명의 가족들이 올라왔다. 훈훈하네. 연인끼리 하나 둘 챙기며 이사를 도와주는 모습도 보인다. 외국인 친구들도 간간히 보이고… .

앞으로 이 아이들과 같이 생활하게 되겠구나. 화장실과 샤워실을 둘러보고 매점으로 향해 필요한 물품을 구입했다. 슬리퍼, 비눗갑, 옷걸이, 랜선, 멀티 탭과 간식으로 먹을 과자 몇 가지를 샀다.

기숙사 주변을 한번 쓱 둘러봤다. 역사를 짐작할 수 있게 하는 고목과 여러 종류의 꽃들, 널찍한 잔디밭 운동장도 있다. 운치 있는 공간이 많구나. 왠지 이곳에서 굉장히 재미있는 일들이 일어날 것만 같다.

'내가 살아가게 될 서울대 기숙사, 관악사야. 너 완전 마음에 든다. 내 스타일이야.'

앞으로의 날들이 기대된다.

살다보면 그리워지는 풍경이 있다

기숙사 길을 따라 올라가다 보면 벚나무가 줄지어 있다. 벚나무의 특성상 여름이나 가을에는 별 특징 없이 자잘한 잎만 무성하고 겨울철이 되면 앙상한 잔가지들이 힘없이 바람에 날린다. 한마디로 신경 쓰지 않으면 무슨 나무인지 모를 정도로 볼품이 없다.

그렇지만 봄이 되면 이야기는 달라진다. 바람이 머금고 있던 싸늘한 기운이 갈수록 약해지기 시작하면 겨우내 앙상했던 가지들 사이로 먼저 하얗고 작은 봉오리가 맺힌다. 이윽고 조금씩 벌어지며 수천, 수만의 벚꽃들이 수줍게 그 자태를 뽐내기 시작한다.

화창한 봄 햇살이 내리쬐는 아침, 흰 구름이 두둥실 떠 있는 푸른 하늘을 배경으로 가지가 보이지 않을 정도의 하얀 꽃무더기가 살랑이면 이건 등굣길인지 벚꽃 축제장인지 헷갈릴 정도이다. 조금 지나면 봄바람이 스쳐갈 때마다 벚꽃 눈보라가 쏟아져 내리며 지나가는 사람을 유혹한다. 벚꽃 잎이 주위로 팔랑팔랑 떨어져 내리면 마치 꿈을 꾸고 있는 것만 같다. 그 뿐인가. 기숙사 삼거리 벚꽃의 매력은 밤에도 유효하다. 학교에서 늦게 돌아올 때면 창백한 벚꽃 사이로 보이는 조각빛 달님은 너무나도 아름답다.

여의도 벚꽃 축제나 진해 군항제에 비견할 수는 없지만, 기숙사 주변의 벚꽃은 서울대 학생들을 비롯해서 근처에 사는 많은 사람들에게 봄날의 아름다움을 즐길 기회를 제공한다. 주말의 기숙사 길에서 만나는 함께 산책하는 젊은 연인, 나들이 복장으로 멋을 부린 채 손을 꼭 잡고 걸어오는 노부부, 연신 감탄하며 카메라를 들고 셔터를 누르는 학생. 꽃구경에 여념이 없는 사람들을 보면 다들 더할 나위 없이 행복한 표정을 짓고 있다.

문득 그런 생각이 든다. 일방적으로 주입하려는 교육보다 이렇게 스스로 감동받고 정서적 위안을 얻을 수 있는 기회를 제공하는 교육도 중요하다고. 지금 벚꽃들이 보여주는 풍경이 말하지 않아도 '행복하세요', '마음에 여유를 가지세요'라는 걸 사람들의 표정을 보면 알 수 있으니까.

살다보면 그리워지는 풍경이 있다. 봄날의 기숙사 벚꽃 길은 보고 있는데도 벌써부터 그리워진다.

즐거운 나의 집

예전에는 921동~926동이 기숙사 신관으로 불렸는데, 기숙사를 증축하면서 이 기숙사 신관동들이 이제는 서울대 기숙사 건물 중에서 가장 오래된 역사와 전통을 간직한 동이 되었다.

921동~926동은 학부생들이 사는 생활동인데, 그중에서도 921동, 922동, 923동, 924동은 남학생 동이다. 바로 근처에 위치하고 있는 919동의 919C동, 919D동도 남학생 전용동이긴 하지만 919동은 아파트식 구조로 이 네 동과는 구조상의 차이가 있다. 921동, 922동, 923동, 924동 이 네 개의 남학생 전용동에서 쉽게 볼 수 있는 풍경들과 경험한 것들에 대해 이야기하려고 한다.

학업에 지쳐 피곤한 몸을 이끌고 기숙사에 들어온 우리를 맞이하는 건 천국과 같은 아늑함이다. 보통 남자들은 집에서 쉴 때는 옷차림을 간소하게 해서 다니는 게 일상적이지만, 그렇다고 해서 그런 차림을 하고 복도를 누비지는 않는다.

그러나 여기는 남학생 전용동. 남자들끼리만 있는데 무슨 문제가 있으랴. 여기도, 저기도 팬티 바람으로 뛰어다니는 학우들이다. 이건 마치 정글과 흡사하다. 동물의 왕국이 떠오른다.

늦은 오후 시간, 샤워를 하고 기분이 좋아진 마음에 성탄절에 선물 받은 빨간 팬티를 입고 복도 끝에 있는 정수기에 물을 받으러 갔다. 물을 한참 받고 있는데, 한 남학생이 지나가다 멈춰 서서 수줍은 시선으로 나를 보고 서 있다. '뭐야, 남자끼린데 뭐 어때.' 하지만 한참을 가지 않고 나를 보고 있는 그. 이상한 느낌이 들어 그 쪽을 보니 뒤에 사람이 몇 명 더 있다. 힉, 그 친구의 어머니 · 할머니 · 친척으로 보이는 여성분들이 나를 물끄러미 보고 있다. 약간의 미소까지 띤 채. 이 민망함을 어찌할꼬. 복도 끝의 내 방으로 줄행랑을 쳤다. 왜 내 방은 복도 끝에 있단 말이냐.

방에 와 놀란 마음을 가라앉히고 시계를 보니 밤 10시다. 아, 밤 10시 30분까지는 기숙사 내에 외부인 출입이 가능하기 때문에 조금 조심해야 한다. 밤 10시 30분이 넘어야만 진정한 남학생 동, 그 정글의 문이 열릴 수 있다.

샤워실의 풍경도 가관이다. 층마다 있는 여덟 개의 공용샤워부스,

누군가 샤워를 하며 고래고래 노래를 부른다.

"깊은 사랑이 죄라며어어언, 반으로 줄일께에에에…."

가사를 잊어버렸는지 그 뒷부분은 무음으로 흥얼거리는데 갑자기 반대편 부스에서 그 뒤를 이어 부른다.

"하늘아, 그 대시이인 그녈 행복하게 해에에에에, 아직 남겨진 내 삶으으으으으으을."

양치질 하고 있다가 재밌는 친구들이구나 하고 킥킥거리고 있는데, 서로 샤워부스 문을 열고 나오더니 "오, 노래 좀 하시는데요?" 하며 속옷 차림으로 인사를 주고받는다. 서로 모르는 사이인가보다. 붙임성 좋은 우리 학우들, 누가 서울대 학생들이 공부만 하는 공부벌레라 했는가. 정겹다.

가끔 샤워 부스 문을 열고 샤워하는 친구들이 있다. 아무리 우리끼리라지만 좀 민망하지 않냐고 물었더니 자기는 문 안에 갇혀있는 느낌이 너무 싫단다. 오픈된 공간에서 샤워를 해야 하루의 피로도 그 열린 공간을 통해 날아가는 것 같다고. 열린 공간을 좋아하는 멋진 친구들이다.

휴게실은 안방이다. 집에서 가족들과 함께하던 그 모습이랑 너무 유사하다. 텔레비전 하나에 옹기종기, 러닝셔츠와 팬티만 입은 친구들이 삼삼오오 모여 여기서는 피자를 먹고, 저기서는 치킨을 먹고 있다. 여름이라는 걸 알리는, 코끝을 스치는 모기향 냄새와 휴게실창 너머로 반대편 동 여기 저기 방에 켜져 있는 불빛들. 너무 포근한 느낌. 기숙사는 즐거운 나의 집이다.

즐거운 곳에서는 날 오라 하여도
내 쉴 곳은 서울대 기숙사, 기숙사뿐이리.
내 나라 내 기쁨 길이 쉴 곳도
꽃 피고 새 우는 기숙사, 서울대 기숙사뿐이리.
오, 사랑 나의 기숙사
즐거운 나의 벗 기숙사 서울대 기숙사뿐이리.

꽁꽁 언 손

　　3월 초라고 해도 아직 아침저녁으로는 꽤 쌀쌀하다. 자기 전에 벗어놓은 슬리퍼가 끝끝내 발견되지 않아 그냥 발을 디뎠더니 바닥의 싸늘한 감촉이 그대로 전달되어 온다. 아아, 추워라. 집이었으면 따뜻했을까. 문득 외지에 살고 있다는 사실이 실감나서 조금은 쓸쓸해졌다.

　　곤히 잠이 든 룸메이트를 깨우지 않으려고, 속으로 투덜거리며 조심스레 세면도구를 챙겨서 복도로 나갔다. 921동부터 926동은 화장실, 세면장, 조리실, 세탁실 등을 공동으로 사용해야 한다. 그것 때문에 일부러 들어오지 않는 애들도 있다고 들었지만 리모델링한 지도 얼마 되지 않아 깨끗하고, 익숙하면 차라리 편하다.

아직 밖은 어둠 속에 잠겨있다. 복도 끝에 위치한 내 방에서 반대편의 공동세면장으로 걸어가면서 아직 불이 꺼져 있는 방들을 지나가니, 왠지 이른 아침 눈을 뜬 게 조금 뿌듯하다. 그때 문득 멀리서 부스럭거리는 소리가 들렸다. 손등인식 장치가 있는데 도둑이 들 리도 없을 터였다. 소리의 정체는 모퉁이를 돌자마자 알 수 있었다.

"어? 안녕하세요."

"아, 오랜만이에요. 일찍 일어났네요?"

현관 옆에서 가끔 뵙던 우리 동 위생원 아주머니께서 분리수거함에 담긴 쓰레기들을 일일이 꺼내 정리하고 계셨다. 동별로 한 분 또는 두 분씩 위생원이 계신데, 평일은 물론 주말에도 하루씩 동 내외를 꼼꼼하게 청소해주신다. 그렇지만 이렇게 새벽부터 나오시는 줄은 몰랐다.

"아이고, 또 나왔네. 학생 중에 누가 다이어트라도 하는지 벌써 2주째 이렇게 토한 봉지를 버리네. 이러다간 위가 다 상할 텐데. 동조교님께도 말씀드렸는데 잘 찾아지질 않고, 어쩌나."

꽁꽁 싸맨 검은 비닐봉지를 손에 들고서 이름도 모를 사생의 건강을 염려하시는 모습에는 정이 듬뿍 담겼다. 항상 우리를 남 대하듯 하지 않고 자식 대하듯 해주신다.

겨우내 눈이 많이 쌓였을 땐 기숙사 삼거리부터 동 앞까지 쌓인 눈을 여러 위생원분들이 비로 쓸고 제설제를 뿌리는 모습에는 감동

받을 수밖에 없었다. 당신들도 많이 추우실 텐데, 행여 자식이나 손자뻘인 학생들이 미끄러질까 봐 꽁꽁 언 손으로 쓸어낸 곳을 또 쓸어가며 꼼꼼히 길을 내주셨다. 무거운 여름날에도 땀을 뻘뻘 흘리며 커다란 청소기를 들고 계단을 오르내려 4층 전체를 매일 청소해주셨다.

직업의식을 넘어서는 애정이 없으면 이렇게까지 해주실 수 없다는 생각이 든다. 딸이나 아들이 사는 곳이라고 생각하니 그렇게 정성들여 보살펴 주시겠지. 고단하실 텐데도 환한 미소를 짓는 그분들의 모습에 순간 부모님이 겹쳐져 짠한 마음이 들 때도 많다. 가끔 대학생들이 청소 아주머니들께 욕을 했다는 기사가 나오곤 하지만 이런 마음을 정말로 안다면 그러지 못할 텐데.

인사를 드리고 덕분에 깨끗해진 세면장에서 샤워를 하고 나왔다. 부지런한 아주머니께선 이번엔 조리실로 옮겨서 내 집 물건처럼 꼼꼼하게 조리대를 닦고 계신다. 그래, 집 밖에서 다른 사람들과 살고 있지만 반드시 삭막한 것만은 아니지.

문득 감상적이 되어 앞뜰로 나오자 햇살이 눈을 간질인다. 아직 겨울이라 해도, 결국 올 것은 착실히 오고 있는 건가. 그렇지만 겨울이 가기 전에 다시 한 번 일찍 일어나서 아주머니께 따뜻한 음료를 대접해야겠다.

두 사감님 이야기

기숙사에는 사감님, 부사감님을 필두로 해서 많은 직원, 조교들이 운영이나 관리, 기타 행정적인 부분을 세심하게 신경 쓰고 있다. 그중에서도 사감과 부사감은 교수님들께서 맡고 계신데, 보통 교수님이라고 하면 어려운 존재라고 생각하기 쉽지만 내가 알고 있는 두 사감님은 전혀 그렇지 않다.

한 분은 행동력과 포용력을 겸비한 리더십을 갖춘 분이다. 문제가 생기면 사생들과 만나 직접 이야기를 나누기도 하고 다소 공격적인 지적에도 오히려 '이야기 해주어 고맙고 앞으로도 기숙사에 대해 많은 생각을 들려주면 최대한 참고하고 반영하겠다'고 말씀하신다. 기숙사 조교들의 이름이나 취향도 하나하나 기억해가며 가식 없는 환한 미소를 지어주셨고, 월드컵 경기 중계를 기획하고서도 당일에는 행여나 부담이 될까봐 뒤에서 조용히 지켜보다 사라지는 인간적인 분이다. 기숙사에 야간 상담실까지 설치해 심리검사는 물론 위급 상담을 받을 수 있도록 하셨는데, 실제로 그 덕에 몇 명의 사생이 심각한 우울증 상태에서 벗어난 일에 관해서도 들은 적이 있다.

다른 한 분은 사생들의 건강이나 정신적인 안정감을 세심하게 챙기는 분이다. 부임하자마자 기숙사 식당에서 종종 점심을 드시면서 학생들이 고르게 영양 섭취를 하고 있는지를 신경 쓰셨고, 정기적으로 과일 판매나 텃밭 무료분양을 통해서 건강한 식생활을 할 수 있도록 노력하셨다.

최근에는 어떻게 하면 학생들이 아침 식사를 거르지 않을까에 대해 고민하셨는데, 그 모습에서 마치 어머니 같은 느낌을 받기도 했다. 한번은 집안 형편이 좋지 않은 지방 신입생이 기숙사에 합격하지 못했다는 메일을 사감님께 보냈는데, 사정은 안타깝지만 기관장의 입장에서 형평성을 어길 수는 없었다. 대신 사감님은 수소문 끝에 근처에서 가정교사 겸 무료 하숙생을 구하는 곳을 찾아내셨는데, 신청자가 많다는 소식을 듣고는 직접 그 집에 연락을 하셔서 이 학생의 실력은 보장한다고까지 해주신 따뜻한 분이다.

기숙사라는 공간은 집을 대신해 매일 살아가야 하는 공간이므로 얼마만큼 세심하게 학생들을 신경 쓰는지가 중요할 수밖에 없다. 그런 상황에서 기숙사 정책을 결정할 때 '사생들을 위해' '최대한 사생들이 원하는 방향으로'라는 기준을 최우선으로 삼던 두 분에게 느낄 수 있었던 것은 마치 또 하나의 아버지와 어머니와 같은 한없는 따스함과 관심이었다.

부모님께서 착하고 모범적인 자식만 예뻐하지 않듯이 문제를 일으킨 학생이 있어도 두 분께서 결코 기계적으로 규정에 따라 벌점을 부과하거나 기숙사에서 바로 내보내는 경우를 한 번도 본 적이 없다. 최대한 상황을 객관적으로 알아보고 신중하게 결정하려 하셨고, 때로는 안타까워하시는 모습도 보았다.

부모님들은 자녀들을 기숙사에 보낼 때 많은 걱정을 하시겠지만 이런 분들이 기숙사를 보살핀다면 충분히 믿고 맡길 수 있을 것이다.

마음의 불이 꺼지지 않는 곳

"혜령이, 넌 좋겠다. 가까워서."

중간고사 기간도 거의 막바지에 이르렀다. 중앙도서관에서 나와 사범대 쪽으로 올라오면서 친구가 투덜거린다. 하긴 오늘 공부가 잘 된다고 신났었는데 버스 시간 때문에 나와야 되니 속상할 만도 하다. 그렇다고 한밤중에 낙성대로 걸어가기는 싫겠지. 사실 이전에 그녀는 새벽에도 씩씩하게 집까지 걸어 내려갔던 적이 몇 번 있는데, 공원 인근에서 마주친 운동복의 노총각이 '너, 너무 예쁘시네요' 이러면서 10여 분을 따라왔던 이후로 다시는 그러지 않는다.

"어, 막차!! 이거 놓치면 걸어 가야 돼, 안녕!"

구두를 신은 채 사범대에서 노천강당까지 오르막길을 한달음에 뛰어가 02번 버스를 타고야 마는 그녀를 보면서 저런 마음으로 뛰었으면 지난 번 체력단련 수업에서 A+를 받았을 텐데, 하는 생각이 머릿속을 스친다. 그나저나 버들골 너머 멀리서 오는 버스 불빛을 어떻게 알아차렸대.

"지이이이잉."

엄마다.

"네. 시험공부하고 돌아가는 길이에요. 방금 친구랑 헤어졌어요. 응? 이제 사범대 앞이에요. 기숙사 거의 다 왔지 뭐."

밤 11시 반이면 주무실 시간인데, 아무래도 최근에 관악구 인근 지역에서 살인사건이 일어났다는 이야기를 듣고서 마음이 편치 않으신 모양이다. 그렇지만 기숙사 삼거리로 나오자마자 보이는 환한 불빛을 보면 그렇게 무섭다는 생각은 들지 않는다. 삼거리부터 기숙사로 접어드는 샛길은 군데군데 환한 조명이 켜져 있는 데다 사생방이나 로비에서 나오는 불빛까지 더하면 누군가가 숨으려고 해도 숨을 공간이 없다. 그러다 보니 밤늦게 학교에서 오는 길이 조금 무섭다가도 기숙사 건물이 보이면 '탁' 하고 마음속의 긴장감이 풀린다.

게다가 밤 11시의 기숙사는 초저녁 분위기이다. 어디를 가나 사람, 사람. 오히려 한적한 곳을 찾아다녀야 할 정도다. 여름철에는 새벽까지 신나게 수다를 떠는 사람들 때문에 가끔은 항의하는 게시물이 올라올 때도 있다. 그러다 보니 다툼이라도 일어나면 금세 주변에 있던 사람들이 목격자가 되거나 싸움을 말리는 경우가 많다. 그런 상황에서 한 시간마다 순찰 도는 아저씨도 계시지, 카드키나 손등인식이 없으면 들어가지도 못하지, 밤 12시에 기숙사 편의점에 간다는 말에 밤늦게 돌아다닌다고 염려하시던 어머니도 한 번 와 보시고는 더 이상 별 말씀을 하지 않으실 정도다.

"디링"

J다.

'야식 어때? 다 기다리고 있지롱 :)'

그러고 보니 내가 느끼는 안도감은 단순히 시설이나 위치 때문인 것만은 아닌 것 같다. 같은 과이자 내 룸메이트 J는 작년 연말에 동아리에서 알게 된 소위 스토커 남자애 때문에 고생한 적이 있다. 매일 따라다니고 한 번은 자취방 방문을 두드린 적도 있으니 얼마나 무서웠을까. 그렇지만 올해 기숙사에 들어온 뒤로 문제는 깔끔하게 해결되었다. 그는 어디서 정보를 입수했는지 919동 건물 근처에도 어슬렁거렸지만 4학년 언니를 시작으로 해서 총 여섯 명의 하우스메이트들과 우연히 합세한 동조교님까지 함께 몰려 나가서 혼을 내서 쫓아냈다. 스토킹이 끊긴 이후 J가 기꺼이 대접한 통닭과 피자를 나눠먹으며 우리의 우정은 더욱 돈독해졌고 919B동 311호는 영원할 것이라며 깔깔댔다.

고등학교 때는 너무나도 당연했던 사실, 저 환한 불빛 속에 나를 기다려주는 사람들이 있다는 게 얼마나 든든하고 믿음직한지 모른다. 무슨 일이 생기면 금방 뛰쳐나와 도와 줄 가족 같은 친구들이 있다는 것, 그 또한 기숙사가 아니면 쉽게 누리기 어려운 장점일 것이다. 그래서 부모님께서 들으시면 섭섭하실지도 모르겠지만, 가끔 전화를 하다보면 이렇게 말하곤 한다.

"집, 아니 기숙사에 들어왔어."

그만큼 편하고 안전한, 내 집 같은 공간이 아닐까.

룸메이트 성철이

날씨가 춥다. 이제 곧 봄바람이 부는 3월을 눈앞에 두고 있는데도 관악산 안에 위치한 이곳의 추위는 감당하기 어렵다. 입이 돌아갈 것만 같다. 이런 오늘은 새로운 동으로 이사하는 날이다.

아침 일찍부터 친구들의 도움을 받아 이삿짐을 나르고 새로운 보금자리에 짐을 풀었다. 922동 301호. 복도 제일 구석에 위치하고 있어 따뜻한 방이 아주 마음에 든다. '이제 룸메이트만 잘 만나면 되는데.' 한참을 기다리고 있는데 룸메이트가 올 생각을 안 한다.

학기가 시작했는데도 나타나지 않는 룸메이트. '이렇게 방 혼자 쓰면 되는 건가?' 내심 2인실을 1인실인 양 넓게 쓰며 만족스러운 생활을 하고 있는데, 수강신청 정정기간이 끝날 때쯤 드디어 룸메이트 성철이를 만났다. 짧은 머리에 야구 모자를 푹 덮어 쓴 모습이었는데, 군 전역 후 바로 복학하느라 늦게 왔단다. 두 살 어린 동생이고 아직 군인 같은 모습이다.

우리는 서로 죽이 잘 맞았다. 당시 아침형 인간에 심취해 있던 나는 오전 5시면 기상을 했고, 성철이도 군대 때 습관이 남아 있어 이른 시간에 함께 기상했다. 나는 수영장에 가고 성철이는 헬스장으로 가고, 운동하고 와서는 같이 아침밥을 먹고, 같이 등교했다. 서로 좋은 하루 되라는 인사와 함께 학교생활을 시작해서, 오늘은 어땠냐는 안부를 물으며 방에서 만나는 것이 일상이 되었다.

수업을 마치고 기숙사에 와서는 방 안에서 함께 운동을 했다. 한창 멋진 몸매 만들기가 유행하고 있던 때라 우리는 서로를 격려해가며 그 좁은 방 안에서 윗몸일으키기와 팔굽혀펴기를 엄청 해댔다. 거울에 비춰진 몸을 보며 서로 칭찬해주고, 의기양양하게 수건 하나 걸치고 함께 복도를 활기차게 누비고 다녔다.

시험 기간에도 성철이와 함께해서 도움되는 것이 많았다. 의지나 끈기 면에서 많이 부족한 나에 비해, 매일 '신념, 집념'이란 단어를 쓰며 몰입하는 성철이의 모습이 내겐 좋은 자극이 되었다. 성철이는 심지어 함께 게임을 할 때도 '신념, 집념'이란 단어를 즐겨 쓰곤 했다. 당시 함께 아이스크림, 음료수 내기 등을 하며 피카츄 배구라는 게임을 많이 했었는데, 내가 이기고 있다가도 성철이가 '신념, 집념'

이란 단어를 외치며 몰입하기 시작하면 금방 전세가 역전 돼 버리곤 했다. 그래서 나중에는 말하기 없기란 규칙을 정하고 게임을 한 기억도 난다. 요즘도 '신념, 집념'이란 단어를 접하면 성철이 생각이 난다.

고민이 있을 때는 서로 털어 놓고 해결책을 찾느라 함께 고심했다. 한 공간에 있으면 감정이 전이된다고 했던가? 당시 둘 다 비슷한 시기에 좋아하는 이성 친구가 생겼는데 어떻게 하면 그들과 사귈 수 있을까를 두고 속병을 앓았다. 자신의 일이면 객관적으로 바라볼 수 없는 어려운 문제들을 서로의 시각으로 이야기해주게 되어 어떻게 하는 것이 좋은 방법이라는 확신을 가질 수 있게 했다.

우리는 마치 자신의 일인 양 감정을 이입해 서로에게 각종 전략과 조언들을 해주며 좋아하는 이성 친구에게 고백을 했고, 비슷한 시기에 각자의 여자 친구와 교제를 시작할 수 있었다. 행복했다. 이성 문제 외에도 '친구와 이런 문제가 있는데 어떻게 풀어나가야 하나?' '미래에 무엇을 하며 살아가야 하나?' 등등, 그렇게 침대 위에 누워 이런 저런 이야기를 하다 보면 금방 아침이 되는 날이 많았다. 함께 있으면서 참으로 많은 이야기들을 나눈 것 같다.

이렇게 우리가 함께 지냈던 사계절이 빠르게 한 바퀴를 돌아 다시 살이 에인 듯이 시린 겨울과 마주하고 있다. 이제는 우리도 헤어져야 할 시간. 나는 대학원에 진학하게 되었고, 성철이는 스웨덴으로 교환학생을 떠나게 되었다. 성철이가 먼저 이사를 한다. 1년 동안 비좁은 곳에서 함께 살다보면 다툴 일 한 번쯤은 생길 법한데 우리는 그 흔한 말다툼 한 번 하지 않았다. 참 많은 정이 쌓였는데, 헤어짐이 못내 아쉬워 이별하지 못하고 마지막까지 석별의 정을 나누고 있다.

대학원에 진학한 나도 학교에 있을 것이고, 성철이도 다시 돌아올 것이니 1년 후에는 학교에서 다시 볼 수 있다. 하지만 다시는 지금처럼 함께 방을 쓰며 생활할 수 있는 기회는 오지 않겠지. 동생이지만 때로는 형 같이 든든하고, 속도 깊었던 좋은 룸메이트. 방에 오면 항상 웃으며 나를 반겨줬고, 함께 하는 성철이가 있어 나태해지지 않고 즐겁고 열심히 생활할 수 있었던 것 같다.

짧은 1년이었지만 기숙사에서 생활하며 얻은 가장 값진 보물이 아닐까 생각한다. 앞으로 인생길을 걸어감에 있어 평생을 함께 할 수 있는 든든한 형제를 얻었으니.

성철아, 고맙데이. 즐거웠어!

혼자 울지 말아요

　　　　"혜령아, 뭐 해?"

　친구에게서 문자가 왔다. 얌전하고 폐 끼치는 걸 특히 싫어하는
친구라 이런 알 수 없는 문자를 보낸다는 건 뭔가 있다는 의미. 별
내용 없는 문자가 몇 번 오가는 사이에 책상 위에 놓여있던 시계를
봤다. 밤 11시 50분. 요즘 밤바람이 참 시원했었지.

　　　　"우리, 산책이나 할까?"

　약속 시간보다 조금 일찍 나가 기숙사 편의점에서 일부러 초콜릿
음료를 골랐다. 스트레스에는 단 게 좋다고 하니까. 아니나 다를까
친구의 얼굴은 누가 봐도 '무슨 일' 있는 얼굴이다. 서로의 안부를
물으며 기숙사 건물 사이를 빙빙 돈다. 신축 대학원 생활관 둘레길

은 폐타이어를 재활용한 고무가 깔려 있어 걷기에 편한데다 군데군데 조명에 비친 풀꽃들이나 풀벌레 소리는 꽤 운치가 있다.

친구는 남자 친구와 헤어졌다고 쓸쓸히 말했다. 나도 아는 사람이다. 성격도 밝고 운동도 잘 하지만 친구를 제외한 여자한테는 쑥스러움을 많이 타는 편이었다. 그래서 올해 초에 두 사람이 잘 되었다는 사실을 알았을 때는 놀랍기도 하고 잘 어울린다는 생각도 들어 내 일처럼 기뻤다. 하긴 작년에 셋 다 기숙사에 살면서 식당에서 아침 먹기 모임도 하고 종종 탁구도 배우면서 '놀기엔 여기가 제일 편해!'를 외쳤었지. 연습실을 빌려서 축가 연습을 하기도 하고. 언제든 시간만 맞으면 손쉽게 여러 가지를 함께 할 수 있다는 점에서 자취를 할 때와는 또 다른 매력이 있었다. 결국 그 여러 가지가 두 사람을 이어줬는데….

운동장에 접어드니 저 멀리 남산 타워가 보인다. 그러고 보니 기숙사에서 세계불꽃놀이 축제가 보인다는 그 선배의 호언장담에 918동 옥상에 다 같이 모여 불꽃을 봤을 때도 저 방향이었다. 설마 싶어 친구를 쳐다봤지만 이미 늦었나보다.

"… 기숙사가 참 전망은 좋지?"

그 말을 시작으로 엉엉 우는 친구를 한참이나 다독였다. 얼마나 그 사람이 생각날까. 얼마나 아플까. 벤치에 앉아 울고 얘기하고, 다시 울고 얘기했다. 그나마 축구장은 기숙사에서도 제일 어두운 쪽에 위치한 편이라 우리에게는 다행이었다.

얼마나 지났을까. 자리에서 일어난 친구를 따라 다시 걷기 시작했다. 하늘계단을 내려가 922동 앞 구관지역으로 내려오니 풀 냄새가 한층 더 진해졌다. 무슨 말을 꺼내야 위로가 될지 고민하던 내게 친구가 입을 열었다.

"그래도 가까이 있으니 참 좋네. 마음만 먹으면 금방 얼굴 볼 수도 있고."

"그래. 여긴 엎어지면 코 닿을 데잖아. 그러니까 별 일 없어도 우울하다 싶으면 언제든 불러. 아예 한동안 저녁을 같이 먹을까?"

뭔가 더 없나 싶던 차에 920동에 위치한 맥주집 아고리움 입구에 붙어있는 새빨간 현수막이 눈에 들어왔다. 그러고 보니 월드컵 시즌이지. 고등학교 때는 얌전히 학교에서 봤고, 지난 번에는 거리응원도 해봤지만 이번 월드컵은 새벽 3시에 시합이 있어서 TV가 있는 동 내 휴게실에서 봐야 하나 생각했는데, 현수막에는 아고리움에서 1층은 대형 TV, 2층은 빔프로젝터로 특별 중계를 한다고 쓰여 있었다. 예전에 축구는 잘 모르지만 월드컵은 좋아한다고 친구가 말했던 기억이 난다. 좋아, 우울할 땐 털어버리는 게 좋다. 방에 가면 또 울게 뻔하니까. 때마침 이런 이벤트를 마련한 기숙사에 고맙다는 생각이 들었다.

친구도 싫어하는 내색은 아니다. 아니, 혼자 있고 싶지 않다는 얼굴을 하고 있었다. 새벽 두 시인데 기숙사에 사는 친구 몇 명에게 문자를 보내보니 다들 깨어 있다. 이러니 산책하는 내내 불 켜진 방이 이렇게나 많지.

야식은 내가 산다는 말에 평소 약속 장소에서 만날 때는 30분이나 지각하던 사람들이 정확히 시간에 맞춰 나왔다. 음료수를 하나씩 들고 대형 스크린 앞에 앉아 중계를 기다렸다. 어느새 다른 사생들도 하나둘 모여들어 우리와 비슷한 모습으로 자리 잡기 시작했고, 경기가 시작되자 처음의 어색한 분위기는 어디가고 우리는 '대~한민국'을 외치고 있었다.

연장 후반전에 들어가 응원하고 있는 친구의 옆모습을 보니 아까와 같은 어두움은 없다. 물론 쉽게 털어버릴 순 없겠지. 그래도 혼자 내버려두지 않아도 돼서 다행이다. 여기는 그 사람과의 추억도 많겠지만, 아직 또 다른 추억도 많이 만들어 갈 수 있는 공간이니까.

산골 안, 문화 커뮤니티

가끔은 서울대 기숙사가 세상 사람들이 모르는 장소에 외따로 있는 것처럼 느껴질 때가 있다. 창을 열어 하늘을 바라보면 관악산 정상이 보이고 맑은 날이면 산꼭대기가 잡힐 듯이 가까워 보인다. 서울대가 얼마나 산골 안에 깊이 자리해 있는지 해가 갈수록 실감하게 된다.

기숙사에서는 때때로 소쩍새나 까마귀 우는 소리가 들리고, 바람이 부는 날 방에서 책을 보고 있으면 마음이 문득 허전해질 때가 있다. 그럴 때 '기숙사 작은 음악회'는 마음을 달래주는 훌륭한 이벤트가 된다. 기숙사 작은 음악회는 보통 920동 사랑채에서 열리는데 다양한 재능을 가진 뮤지션들이 와서 빛나는 음악의 밤을 만들어 준다.

사랑채는 기숙사생들이 쉬면서 담소도 나누고, 함께 공부를 하거나 신문이나 잡지를 마음껏 볼 수도 있는 공간이다. 방 같기도 하고 아주 큰 거실 같기도 한 공간이라서 탁 트이고 편안한 느낌을 주기 때문에 많은 기숙사생들이 애용하는 공간이지만, 작은 음악회가 있는 날이면 사생들이 자리를 비워주고 가장 깊숙한 안쪽으로 소무대를 만든다. 무대는 아담하다. 필요한 경우 피아노가 설치되기도 하고, 풍선을 불어 장식을 해서 멋진 공간으로 탈바꿈한다.

저녁 7시 무렵이면 사생들이 밝은 얼굴로 편안하게 자리를 잡아 앉는다. 테이블 위에는 간단한 다과도 준비되어 있다. 조명이 켜지고 색소폰 연주자가 등장해 재즈를 연주하기 시작한다. 나는 작은 음악회가 있는 날이면 두근대는 마음으로 맨 뒷좌석에 앉아 귀를 기울이곤 했다. 그 선율과 뮤지션들의 열정이 내게도 와 닿는 것을 느낄 수 있었다. 그럴 때면 세상의 모든 근심은 사라지고 오직 가슴 속에 음악의 감동과 전율만이 남아 있었다. 작은 음악회는 학업에 있어서나 생활에 있어서나 내가 일주일, 또 한 달을 살아가게 하는 작은 힘이 되었다. 작은 음악회가 끝나면 남아 있다가 뮤지션에게 다가가 평소 궁금한 것들을 묻고 그들의 이야기를 들을 수 있어서 그 또한 무척 좋았다.

명사들과의 만남도 좋은 자극이 된다. 학교에서 전공 공부에만 집중하다 보면 세상이 어떻게 돌아가고 있는지, 나와 다른 사람들은 어떤 생각을 하며 살아가고 있는지 문득 궁금해질 때가 있다. 그럴 때 서울대 기숙사 '콜로키움'에 가면 사회 명사들과 훌륭한 만남의 기회를 가질 수 있다. 특히 비 오던 날 열린 『아프니까 청춘이다』의 저자이신 서울대 김난도 교수님의 강연은 잊히지 않는다.

2011년 3월경, 일본에 지진이 나고 쓰나미가 일어나 세상이 어수선할 때였다. 강연이 있던 날은 비가 주룩주룩 내렸다. 빗물에 방사능 원소가 많이 포함되어 있을 거라고 했다. 강연이 이루어지는 곳은 서울대 기숙사 900동 지하2층에 있는 대형 강당인 가온홀이었다. 250명 정도를 수용할 수 있는 이곳에 저녁 7시쯤 되자 사람들이 삼삼오오 몰려오기 시작했다. 어느새 사람들이 많아져 대형 강당에 가득 들어차고 더 이상 입장할 수 없는 지경이 되었다. 급기야 복도에는 스크린이 설치되어 강연이 중계되었다. 시간에 맞춰 온 기숙사생들은 입장하여 들을 수 있었지만 소문을 듣고 찾아온 외부 학생들은 복도에 앉아 강연을 보았다.

특히 너무나 인상적이었던 것은 김난도 교수님의 강연을 듣기 위해 부산에서 KTX를 타고 올라온 몇 명의 여고생들이었다. 이들은 희망이 되는 메시지를 듣고자 올라온 것 같았다. 교복을 입은 채 그들은 교수님의 저서를 품에 안고 있었다. 청중과 호흡하는 교수님의 강연은 사람들에게 훌륭한 메시지를 주었음에 틀림없었다. 기숙사생들의 표정은 밝았고 또 많은 청년들이 줄을 서서 교수님의 친필

사인을 받을 수 있었다.

콜로키움 강연을 통해 이외에도 너무도 훌륭한 명사분들께서 관악사를 빛내주고 계신다. 콜로키움을 통해서 나는 세상을 살아가는 다양한 관점, 지혜롭고도 유연한 태도가 무엇인지에 대해서 가슴 깊이 깨닫게 되었다.

이외에도 관악사의 문화행사는 참으로 많다. 홀로 지내는 기숙사생들이 외로움을 느낄 수 없을 만큼 즐거운 행사들이 연이어 기다리고 있다. 학생의 신분으로 무료로 좋은 문화행사를 참석할 수 있다는 사실은 참으로 행복한 일이다.

특히 외국인 학생들을 위해 빼 놓을 수 없는 문화행사가 있다. 바로 '외국인 문화주간'이다. 관악사에는 해외에서 온 교환학생, 정부초청 장학생들이 함께 어울려 지내고 있는데 2학기에 벌어지는 외국인 문화주간에는 외국인 학생들 주도로 축제가 벌어진다. 이 시기에 기숙사생들은 각국의 전통과 문화, 음식 등을 체험할 수 있다. 특히 외국인 학생들이 자기 나라를 자랑하는 데 열심이어서 볼거리, 즐길거리가 참으로 많다. 해가 갈수록 더욱 세계화가 되어가는 서울대 기숙사라는 사실을 실감하게 된다.

조화로운 마음에 지혜가 깃드는 것이 아닐까. 음악이 있고, 만남이 있고, 화합이 있고, 무엇보다 사람이 있는 관악사에 산다는 것은 내 자신을 넓혀가기 위한 또 하나의 기회이자 축복이라는 생각이 든다. 내가 스스로 마음을 닫고 내 안에 갇혀 살지 않는다면 앞으로도 열린 마음으로 이 모든 작은 축제에 참여할 수 있을 것이다. 그리고 나도 언젠가는 이곳 서울대 기숙사로 돌아와 멘토이자 선배로, 후배들의 기억에 남는 사람이 되고 싶다.

종교 기도실

아주 오래 전의 일이다. 고등학교 국어 교과서에 김동리의 『무녀도』라는 작품이 실릴 뻔한 적이 있었다. 이 작품은 무녀인 어머니와 기독교인이 되어서 돌아온 아들의 갈등을 중심으로 이야기가 펼쳐지는 소설인데, 우리나라 특유의 종교적인 갈등 문제로 교과서에 실리지 못했다고 한다. 이 작품의 문학적인 성과는 여러 사람들로부터 인정받는 것이었지만 그 일로 인해 학생들이 이 작품을 접할 기회가 줄어들었다는 것은 좀 슬픈 일이다.

서울대 기숙사에는 점점 외국인 학생들이 늘어나고 있다. 교환학생이나 정부초청 장학생, 신입생 등의 자격으로 서울대에 입학하여 관악사에 거주하고 있는 외국인 학생들 수는 상당하다. 이들은 서울대 기숙사에 다양성과 활력을 불어넣고 있다. 그래서 기숙사 내 방송이나 홈페이지, 행사포스터 등도 기본적으로 영어 버전이 함께 제공되고 있다.

늘어나고 있는 세계적인 학생들로 인해서 기숙사는 발전을 거듭하고 있다. 사생들 개인적 측면에서 볼 때 외국인 학생과 룸메이트를 하게 되면 몇 달 만에 금세 영어가 능숙해져서 프리토킹을 할 수 있게 된다. 아무래도 한 공간에서 함께 살아가야할 룸메이트이다 보니 그들의 한국 생활을 도와주고 상담을 해주다 보면 띄엄띄엄 단어를 말하던 수준에서 자연스럽게 문장 수준의 회화가 가능하게 되곤 한다.

아무리 관악사가 세계화 되고 있다고 하지만 그래도 부르카 차림의 여학생들을 볼 수 있는 것은 아니다. 다만 이슬람권 국가에서 유학을 온 학생들은 이미 구성된 이슬람 학생회를 통해서 한국 생활에 대해 도움을 받는다.

관악사에 사는 이슬람 학생들의 간절한 소망은 그들만의 기도실을 갖는 것이었다. 아무래도 기숙사에 여유 공간이 없다 보니 이들에게 기도실을 새로 만들어주는 것은 무척 어려운 일이었다. 새로운 건물을 지을 수도 없는 일이거니와 종교적인 색안경을 끼고 이들을 배척하고자 하는 세상의 시선은 이슬람 외국인 학생들에게 많은 상처가 되었다.

이들의 간절한 바람을 알게 되신 기숙사 사감님께서는 920동 다인홀을 생각하셨다. 다인홀은 소공연장으로 계획된 곳이었다. 그곳은 야간이면 아무도 사용하지 않는 침묵의 공간이었고, 이곳을 이슬람 학생들이 쓸 수 있도록 허락하는 것은 적절해 보였다. 그리하여 이슬람 학생들은 밤 10시가 넘은 야간이면 이곳에서 자신들만의 시간을 가질 수 있게 되었다.

자기들만의 기도실을 갖게 된 이슬람 학생들은 바쁜 사감님을 만나 감사 인사를 전하고자 세 번이나 조용히 사감실을 찾아와 방문을 두드렸다. 의외의 방문에 놀란 사감님께 학생들은 수줍게 초콜릿 한 상자를 내밀었다. 그들 나름의 감사 표시였다.

많은 사람들이 한 곳에 모여 살아가다 보면 수없이 많은 이유로 갈등하고 미워할 때가 있다. 그 이유가 경제적인 것일 수도 있고, 또는 종교적인 것일 수도 있다. 사람의 마음은 참으로 무서운 것이어서 사소한 차이가 다름을 만들고 그 차이를 빌미로 서로를 배척하기도 한다. 하지만 모든 것은 마음에 달려있다. 상대와 내가 다르다는 것을 이해하고 인정하고 나면, 종이 한 장만큼이나 가볍고 함께 끌어안고 갈 수 있는 차이임을 깨닫게 된다.

함께 조화를 이루어 살아가는 세상을 향해 적어도 이곳 서울대 기숙사는 한 걸음씩 다가서고 있는 것 같아 가슴 속 가득 희망을 품어보게 된다.

따뜻한 마음들이 모여

"딩동댕. 안녕하세요. 921동 조교실에서 알려드립니다. 오늘 개별 면담이 예정된 사생분들은 현관에 붙여진 시간표를 참고하시어 자기 시간에 휴게실로 와 주시기 바랍니다. 아참, 룸메이트 손잡고 함께 오는 거 잊지 마세요."

3월 셋째 주와 9월 셋째 주에 각각 시작되는 '개별 면담' 시즌은 관악사에서 매우 중요한 시간이다. 모든 기숙사생들은 이때 가능한 시간을 맞추어 자기 동조교를 만나보면서 생활이나 학업과 관련된 고민이나 어려움들을 마음 편하게 이야기한다.

이때가 아니더라도 사생들은 각 동의 조교에게 언제든지 찾아가서 상담을 받을 수 있지만 이 기간에는 공식적으로 나와 룸메이트,

근처 호실의 사생들이 한 자리에 모여 그동안 말 못했던(?) 것들을 이야기할 수 있다. 이때 우울증이 좀 있거나 사람이 그리웠던(?) 사생들은 동조교를 형이나 누나처럼 생각하며 의지하고 마음속에 있는 말들을 꺼낸다. 대체로 이미 학부 과정을 졸업한 대학원 선배들이 동조교 업무를 수행하는데 이들의 공부 경험, 인생 경험은 기숙사생들에게 큰 도움이 된다.

휴게실에서는 개별 면담을 위해 다과가 준비되어 있었다. 나와 룸메이트는 먼저 휴게실에 도착하고, 내 뒤를 이어 옆방, 앞방의 기숙사생들이 편한 옷차림으로 멋쩍게 들어오기 시작했다. 이윽고 여섯 명의 학생들이 모이자 우리는 담소를 나누며 서로의 고민과 어려움들을 공유하였다. 서울대 기숙사의 개별 면담은 서로에 대한 이해가 깊어지는 시간이다. 평소에는 잘 알지 못했던 옆방, 앞방에 사는 사람의 인생살이를 듣게 되는 시간이다.

요즘 무슨 책들을 읽고 있는지, 기숙사에 살면서 무엇이 불편한지, 이성 친구와의 만남에 고민은 없는지 마음속의 다양한 관심사들을 꺼내놓고 누군가의 조언을 듣기도 하고, 때로는 사회 문제에 대한 토론이 벌어지기도 한다.

비교적 자율적인 분위기를 유지하는 서울대 기숙사이지만 이 개별 면담에 참석하지 않으면 벌점을 받게 된다. 가끔은 바쁜 생활에 밀려 개별 면담이 귀찮게 생각될 때도 있었지만 이 시간들을 통해

대학생들이 어떤 생각을 하며, 어떤 고민을 갖고 살아가는지 알아갈 수 있어서 좋았다. 때론 밤늦게까지 진행되는 개별 면담이었지만 그래도 우리 동에 사는 기숙사생들과 더욱 친해지게 된 것 같아 뿌듯한 마음이 든다.

내가 동조교로 있을 때 기억에 남는 몇몇 친구들이 있다. 128호실에 살던 김모 군. 서울대 자유전공학부 1학년이었는데 어떻게 하면 의미 있는 삶을 살 수 있을까 고민하던 친구였다. 마치 철학자 같은 표정을 짓는 그가 약간은 혼자만의 고민에 빠진 유별난 사람이 아닌가라는 생각을 하기도 했다. 하지만 그 판단은 섣부른 판단이었다. 그는 어느 날 우리 동에 사는 수십 명의 외국인 학생들이 세탁실에서 한글로만 표시된 세탁기를 조작하지 못하는 것을 보았다. 그러자 김모 군은 주말에 혼자 세탁기 사진을 찍어 친절하게 영어와 중국어 두 가지 버전으로 사용 매뉴얼을 만들어서 세탁실에 붙여놓았다. 김모 군은 그런 식으로 나를 감동시켰고 나는 사람의 겉모습만 가지고 긍정적이거나 부정적인 감정을 품어서는 안 되겠다고 다짐하게 되었다.

또 한 친구는 내게 반갑게 인사도 잘하고 붙임성이 매우 좋은 친구여서 학교 식당에서 같이 밥을 먹기도 한 적이 있는 기숙사생, 116호에 사는 이모 군이었는데 어느 날 이모 군이 누군가를 업어서 계단을 오르고 있는 것을 보았다. 급히 따라가 보니 이모 군이 한 기숙

56

사생을 침대에 눕혀주고 있는 것이었다. 자초지종을 들어보니 이모 군이 기숙사로 걸어오다가 가로수에 쓰러져 잠든 친구를 보았는데 그대로 두었다가는 어찌될지 몰라서 깨워 물어보니 마침 우리 동 사생이었다는 것이다. 그래서 업어서 데려왔다고. 그 말을 듣는데 과연 나라면 그렇게 할 수 있었을까 싶었다. 선행을 함에 있어서도 재고 따지고 고민하는 나에 비하면 고민 없이 바로 실천할 수 있는 이모 군에게 참으로 배울 점이 많다고 생각했었던 경험이 있다.

서울대생은 이곳에 들어오기 위하여 수많은 경쟁을 뚫고 자기의 목표 한 가지만을 바라보며 살아오기도 했을 것이다. 비록 저마다 이기적인 면들도 있겠지만 때로는 이렇게 함께 더불어 살아가는 마음을 가진 기숙사생들을 보면서 나도 내가 사는 이곳에 대한 긍지와 감사를 갖게 된다. 나는 기숙사에서 살아본 것이 참으로 행복하고 다행한 일이라고 생각한다. 많은 이들에게서 배우고 나의 부족함을 깨우치며 타인들이 가진 따뜻한 마음을 전해 받을 수 있으니 말이다.

관악사 챔피언스 리그

서울대 기숙사는 조용하지만 밤새 잠들지 않는다. 하루 일과를 마치고 돌아온 학생들이 샤워를 끝내고 각자 자기 방으로 들어가면 밤 동안에는 자기만의 세계에 빠져든다. MP3로 음악을 듣는 사람도 있고, 게임을 즐기는 사람도 있으며 책을 보는 사람도 있다.

조용하고 아늑한 서울대 기숙사에도 한바탕 열정이 찾아오는 때가 있으니 바로 매 학기마다 한 번씩 펼쳐지는 관악사 사감배 축구 토너먼트가 시작되는 때이다. 보통 1학기 4월 중순과 2학기 10월 중순에 펼쳐지는 이 축구대회는 각 동마다 대표선수들이 출전하여 동의 명예를 걸고 토너먼트로 대전을 펼친다. 서울대 기숙사가 총 17개 동이 있지만 여자 기숙사에서는 선수들이 출전하지 않으므로 실제로는 13개 동에서 축구선수들이 출전하여 경기를 한다.

이때쯤이면 서울대 기숙사는 뜨겁게 달아오른다. 대회에서 우승을 하느냐 못하느냐는 얼마나 우수한 선수들로 구성하느냐, 연습을 얼마만큼 하느냐, 전략을 어떻게 짜느냐에 따라서 토너먼트 우승이냐 중간 탈락이냐의 결과를 얻게 되기 때문이다.

우승을 한다는 것은 해당 동에 커다란 명예가 되거니와 수여받은 트로피는 동 입구 조교실에 찬란한 빛을 뿌리며 전시되기 때문에 우승은 기숙사생들에게 기쁨과 자긍심을 한껏 고취시킨다. 특히 2008, 2009년 연속 우승에 빛나는 922동 사생들의 당시 환호성은 정말 대단했었다.

2011년 1학기, 4월 관악사 축구 토너먼트에 나 역시 모든 열정을 걸고 참여하기로 했다. 항상 리포트를 제출일 하루 전에야 밤새워 완성하곤 하는 창백한 얼굴의 재범이는 의외로 훌륭한 중앙 공격형 미드필더의 역할을 맡아주었다. 그리고 왼쪽 윙백은 이제 기숙사 3년차의 관록을 자랑하는 105호 헌주가, 골키퍼는 189센티미터의 장신인 대성이가 맡아주었다.

가장 중요한 스트라이커 섭외가 문제였다. 마땅한 선수를 찾을 수 없었다. 나는 921동 현관에 설치된 화이트보드에 '관악사 축구 토너먼트 우리 동 스트라이커를 구합니다. 연락주세요'라고 적어놓았지만 마땅한 선수로부터 연락이 오지 않았다. 아, 이대로 출전해야만 된단 말인가. 우리동은 현재 열 명까지 모집된 상태라서 스트라이커가 나타난다고 해도 후보 선수 없이 딱 열한 명으로 경기를 치러 내야만 하는 버거운 상황이었다. 그런 상황에서 스트라이커조차 없으니 무척 애가 탔다. 하지만 뜻이 있으면 길이 있다고 했던가, 마침 우리 동에 일본 동경대에서 1학기 동안 교환학생 자격으로 서울대에 다니고 있는 재일교포 학생이 있었다.

그의 이름은 다이스케. 일본 고교 시절에 학교 축구부에서 선수로 활동했었다고 한다. 오, 신이시여 정말 감사합니다. 그는 함께 하지 않겠느냐는 나의 제안에 그러겠다고 대답했고 졸지에 우리 동은 용병을 고용한 강팀으로 출전할 수 있었다.

승리! 첫 번째 경기의 승리로 우리 팀은 자신감을 가질 수 있었다. 우리 팀 선수들은 바람을 가르며 속도감 있는 공격을 자랑했다. 첫 게임에서 우리는 상대팀을 3:1로 격파하는 기염을 토했다. 하지만 급조된 우리 팀의 불안 요인이 바로 다음 게임에서 드러나고 말았는데, 바로 우승 후보로 거론되고 있던 922동과 맞닥뜨리게 된 것이었다.

922동 서울대 체육과 학생들 세 명이 골키퍼와 수비수를 맡고 있었고, 표정 역시 단 한 골도 허용하지 않겠다는 집념으로 불타오르고 있었다. 게다가 주전 공격수에는 서울대 자연대 축구부 주장과 부주장을 맡고 있는 관록의 선수들이 배치되어 있어 결코 만만히 볼 수 없는 팀이었다.

우리 동과 922동의 매치는 해가 저물 무렵에 이루어졌다. 서울대 기숙사의 인조잔디 깔린 운동장에서 두 팀은 중앙 라인에 대열을 맞추고 인사를 나누었다. 휘슬이 울렸다. 속도전에서 우리 동이 앞서는 듯했으나 탄탄한 수비에 번번이 막혀 역습의 기회를 내주었다. 922동 공격수들은 빠르게 파고들었고 결국 골대의 그물이 철렁 흔들렸다.

"삐~이익."

922동의 슈팅 성공.

저녁 8시가 넘어 어두워지기 시작하자 환한 조명등이 켜졌다. 선수들과 운동장이 눈부시게 빛났다. 후반전 시작. 운동장 외곽에는 기숙사 사감님과 부사감님, 본부장님, 직원 분들이 모두 나와 열띤 응원을 펼치셨다. 921동과 922동 조교와 사생들은 고래고래 소리를 질렀다. 어디선가 〈We are the champion〉이라는 노래가 들리기 시작했다. 사람들은 모두 어깨동무를 하고 응원전을 펼쳤다. 우리 동은 끝까지 포기하지 않고 달리고 또 달렸다. 개중에는 넘어져 다리가 까지고 다친 사람도 나왔다. 고군분투한 경기였다.

결과는 5:1. 922동 승리. 우리 동 선수들은 끝까지 포기하지 않았다. 비록 크게 패하긴 했지만 최선을 다한 모습 때문에 나는 조금도 화가 나거나 억울하다고 생각하지 않았다. 경기가 끝나고 우리는 어깨동무를 하고 921동 파이팅이라고 구호를 외쳤다. 비록 졌지만 우리는 이 관악사 축구대회에 온 열정을 쏟았고 팀워크를 느꼈고 기쁨과 즐거움을 얻었다고 생각한다.

관악사여 영원하라! 우리의 몸과 마음과 정신은 이곳 관악에서 헛되이 기억되지 않으리라. 그리고 다음 학기에, 또 내년에 이곳 관악사 운동장에서 온 힘을 다해 뛰고 또 뛰고 싶다.

고양이 키우면 안 돼요

서울대 기숙사에서는 애완동물 키우는 것을 금지하고 있다. 우선 기숙사 전체가 대부분 2인 1실을 기본으로 하고 있기 때문에 룸메이트의 동의를 구해야 하는 어려움이 있고, 또 동물을 키울 경우 공동생활을 하는 곳에서 위생이라든지 소음의 문제 등이 발생할 수 있기 때문이다. 만약 기숙사의 모든 방에서 강아지들이 짖고, 고양이 울음소리가 들린다면? 아마 기숙사는 대혼란에 빠져들 수밖에 없을지도 모른다. 그럼에도 불구하고 오랫동안 키우며 정이 들었던 애완동물을 기숙사에 들어오면서 어쩌지 못하고 몰래 들여오는 사생들이 간혹 있다.

어느 날, 한 사생이 자기 방의 어떤 상자에서 심한 향기(?)가 나기에 열어봤더니 룸메이트가 키우는 고슴도치가 가시를 세우고 있더라. 깜짝 놀라 조교님께 알렸는데 고슴도치를 키우던 사생은 왜 사람들은 고슴도치가 귀여운 것을 모르냐며 계속 키우면 안 되냐고 애원을 했다고 한다. 이 정도는 조금 특별한 일일지 모르나, 실제로 기숙사 청소를 담당해주시는 아주머니가 어느 학생의 방에서 항상 강아지 털이 한 움큼 나오는 것을 보고 애완견을 발견하게 되었다는 비화도 있다. 물론 그런 학생은 기숙사에서 주의 조치를 받게 된다.

그렇지만 애완동물을 키우는 사람들의 마음을 알 것 같은 사건이 내게도 있었다. 나도 고양이의 그 앙증맞은 표정과 눈동자에 매료되어서 한번 키워보면 어떨까 하고 생각해본 적도 있었지만 날리는 털을 참아내야 한다고 해서 마음을 접었다. 게다가 고학생 입장으로 사료 값이 만만치 않고, 내가 간절히 원한다고 해도 룸메이트가 어지간한 동물애호가가 아닌 이상 고양이나 강아지의 민폐를 참아낼 아량을 기대하기는 힘들다.

한동안 고양이를 키우고 싶다는 열망에 사로잡혀서 인터넷 서핑질을 한참 하다가 화장실을 가던 어느 날이었다. 기숙사 복도를 걸어서 가고 있는데 약간 컴컴한 복도 가운데서 뭔가 휘리릭 지나가는 것이 보였다. '에잉? 뭐지?'

다시 뭔가가 포르르 움직이는 것이 보였다.

'헉. 유령인가? 아니면 거친 짐승?'

갑자기 무서움이 확 몰려왔다. 그 자리에 우뚝 멈춰 서서 다시 눈에 힘을 줘서 무엇인지 자세히 보았다. 아니, 저 앞에 고양이가 있는 것이 아닌가? 내가 잘못 봤나 싶어 다시 보았으나 그것은 틀림없이 고양이었다.

'아니 이게 웬일이지? 기숙사에 고양이라니? 혹시 누가 키우나. 기숙사에서 키우면 쫓겨나는데.' 이런 생각을 하면서 그냥 지나쳐야 하나 어째야 하나 고민하고 있었다. 솔직히 좀 무섭기도 하고 호기심이 발동하기도 했지만 조심스럽게 고양이에게 다가갔다.

아메리칸 숏헤어였다. 슥 지나쳐 가려는데 고양이가 내게 다가오더니 내 발목에 자기 몸을 부비는 것이다. 소름이 살짝 돋았지만 그리 기분 나쁘지는 않았다. '이걸 어쩌지' 하다가 결국은 품에 들어 안아 버렸다. 제법 귀여운 녀석이었다!

'음… 이 고양이는 길을 잃은 아이임에 틀림없어. 고아로 태어나 떠돌다가 길을 잘못 들어 이곳 기숙사 3층까지 올라온 거라구.'

멋대로 생각하며 이 녀석을 키워야 하는 운명에 처해졌다고 생각했다. 급한 대로 참치 한 캔을 사다가 따서 먹였다. '뭐야, 이 녀석 식성도 좋잖아.' 이렇게 생각하면서 밤이 되었는데 마음 한편으로 이 고양이의 주인이 정말 있는 것은 아닐까라는 생각이 들자 살짝 서글퍼지기 시작했다. 그러나 양심의 요구를 외면할 수 없어 조교실에 찾아가 자초지종을 말씀드렸다. 조교님은 주인이 있으면 직접 찾아주겠다고 조교실에 맡겨 두라고 하셨다. 고양이를 맡기고 나오려는데 그새 정이 들었는지 서운한 마음이 왈칵 치밀었다.

'아아, 잠시지만 나의 것이었던 고양이야, 제발 너의 주인을 꼭 찾게 되었으면 좋겠다'라고 생각하며 돌아와 또 한참을 싱숭생숭하게 있었다. 다음날 고양이도 한번 볼 겸, 주인도 찾았나 확인할 겸 조교실에 들렀다. 조교님은 해맑게 웃으며 다행히 주인은 다른 건물에 있는 기숙사 사생이었고 공동생활 건물에서 애완동물을 키운 것은 관악사 규정에 어긋나므로 벌점을 주고 반성문을 쓰게 했다고 하셨다. 왠지 뭔가 기쁘고도 슬픈 소식이다.

아무튼 주인을 만나니 잘 되었고, 비록 하루 동안이었지만 고양이를 키워보니 재밌다는 생각을 했었는데 조금은 아쉬웠다.

기숙사 야식 예찬

항상 늦은 밤에 이르면 배가 허전해진다. 중 · 고등학교 시절 겨울에는 따끈한 국물을 마실 수 있는 우동이나 하다못해 컵라면을 친구와 함께 해치우고 집에 갔다. 또 여름에는 시고 달고 맵고 맛있는 쫄면에 잘게 썬 오이와 양상추를 잔뜩 넣어서 정신없이 후루룩 먹으며 하루의 스트레스를 풀고는 했었다. 아니면 집에 가서 어머니를 졸라서 빈대떡도 부쳐 먹고 식혜도 떠먹고 겨울에는 고구마를 쪄 먹기도 했다. 하지만 기숙사에 있으면 야식을 만들어 달라거나 투정부릴 사람이 없다. 그저 반가운 룸메이트만 있을 뿐이고 주머니에는 만 원이 채 안 되는 지폐들이 만져질 뿐이다.

매점에서 사 온 바나나는 동이 난 지 오래다. 반대편에는 룸메이트가 스탠드를 켠 채 애꿎은 원서를 뚫어지게 바라보고 있다. 아, 출출하다. 다시 전공 서적을 펴들고 건성건성 넘겨보았다. 룸메이트를 꼬여서 근사한 야식을 먹고 싶은 마음이 스멀스멀 피어오른다.

"부르릉 부르릉, 우릉우릉, 부아앙."

오토바이들이 바쁘게 기숙사를 돌아다니는 소리가 들린다. 이제는 오토바이 엔진 소리만 듣고도 어떤 야식인지 알아맞힐 수 있다.

"부릉부릉 부르릉."

저것은 '와담소 소시지 핫도그'군. 와담소 소시지는 다진 돼지고기를 단시간의 강한 화력으로 알차게 구워 만든 수제 소시지다. 소시지를 빵으로 감싼 다음 그 안에 허니머스터드소스와 각종 야채를 뿌리면 한 입 먹었을 때 부드럽고 깊은 풍미를 안겨준다. 가격이 조금 세지만 입을 즐겁게 해주는 재주를 가진 녀석이다.

피자 가게들은 서울대 기숙사에서 거의 전쟁을 방불케 하는 경쟁을 벌이고 있다. 서울대 인근에는 소규모 자체 브랜드 피자 가게들이 성업하고 있다. 알짜, 두로스, 엘노핌, 피자헤이븐, 고구려, 피자명, 파파치노, 파파존스 등 나열하자면 끝이 없을 정도인데, 그중 단연 독보적인 곳은 '알짜' 피자. 주인아저씨가 친절하실 뿐만 아니라 비교적 저렴한 가격에 뜨끈하고 짭짤한 피자의 진미를 느낄 수 있다. 도우부터 토핑까지 직접 가정식으로 만드는 거라서 더욱 믿음이 가는 훈훈한 음식이다. 하지만 최근 기숙사생들 중에는 럭셔리한 미스터피자나 피자헛, 도미노 피자를 시켜먹는 사람들도 늘어가고 있는 추세이다.

그렇지만 뭐니뭐니해도 서울대 기숙사 야식계의 지존은 바로 '맹구탕수육'이라는 정설을 부정하는 사람은 2010년까지는 없었을 것이다. 아저씨가 참으로 싹싹하고 기억력도 좋으신 데다 인심까지 좋으셨다. 기숙사생들은 줄여서 '맹탕'이라고도 불렀다. 맹탕을 시키면 잠시 후 오토바이가 번개같이 도착하는 소리를 듣고 반가운 마음에 달려 내려간다. 배달원이 건네는 허연 비닐봉지 맨 밑에는 뜨끈뜨끈한 탕수육 소스가 걸쭉한 주홍빛을 띤 채 예쁘게 포장용기에 담겨있고 그 위에는 네모난 커다란 일회용 접시에 탕수육 군단이 수북이 쌓여서 터질 것 같은데, 이 녀석들의 탈출을 몇 겹의 비닐 랩이 막고 있다. 이 녀석을 데리고 방으로 들어가면 룸메이트의 무척이나 반가워하는 얼굴을 볼 수 있었다.

빨리 개봉하기 위해 두 사람의 손은 바빠진다. 딱 한입에 먹기 좋게 잘 튀겨진 탕수육을 하나 들어서 소스에 잠수시킨 다음 입에 넣으면 딱딱한 듯 바삭하고 아삭한 식감이 느껴지면서 고기의 고소한 육즙이 입 안에서 향연을 펼친다. 거기다 새콤한 소스는 혀 안에서 부서진 탕수육들을 적시면서 두 번 세 번 오묘한 맛의 변화를 가져온다. 역시 맹구탕수육이야. 룸메이트와 나는 하루 동안 있었던 일들을 오순도순 이야기하며 어느새 탕수육 군단을 소탕하고 있는 상황을 발견하고야 만다. 그래 콜라가 빠질 수 없지. 종이컵으로 마시는 콜라 한 잔의 달달함은 행복함을 느끼게 해준다.

그렇지만 2010년이 지나갈 무렵 맹탕 아저씨는 업종 전환을 결심하셨다. 맹탕이 문을 닫기로 한 전날, 아저씨의 증언에 의하면 개점 이후로 그 어떤 날보다 주문량이 폭증하여 모두 배달을 할 수 없었을 지경이었다고 한다. 추억의 맹탕이 사라진다는 소식을 들은 기숙사생들이 너도나도 마지막 추억을 간직하기 위해 주머니를 털어 이것을 맛보려 했던 것이다. 그 날 사장님은 울지도 웃지도 못하는 난처한 상황에 처하셨다고 한다.

서울대 기숙사에는 너무나 많은 야식 메뉴들이 전설처럼 내려오고 있다. 최근에는 파닭 계열이 큰 세력을 형성하고 있으나, 간간히 왕족발 계열도 배달되고는 한다. 낮에 도시락을 시켜 먹는 친구들도 있는데 도시락 배달은 점차 세를 확장해가는 추세다.

하지만 야식은 가족들과 함께 둘러앉아 먹을 때 가장 행복하다. 언제나 저녁이면 가족들과 음식을 먹으며 이야기를 나누던 단란함이 그리워 기숙사에서도 자꾸 야식을 탐닉하게 되는 것은 아닐까. 그러니까 야식은 우리의 외로움과 가족에 대한 그리움을 달래주고 있는 고마운 존재인 것이다. 타지에 나와 살면서 밥조차도 항상 사서 먹어야 하니 어쩌면 이렇게 음식을 만들어 먹을 수 없는 숙명이 자꾸 야식을 먹게 하는 것은 아닐까.

그래도 기숙사에서 야식을 먹을 때는 덤으로 얻게 되는 게 있다. 야식은 항상 둘 이상 여럿이서 먹을 때 가장 맛있기 때문에 저절로 친구들과 어울리게 된다. 어제 룸메이트와 야식을 먹었다면 오늘은 303호, 내일은 306호 친구들과 함께 휴게실에서 맛난 야식을 먹으며 하루의 일과를 함께 이야기할 수 있다. 이것이 기숙사에서 야식을 먹는 또 하나의 기쁨이 아닐까 한다.

벌점과 모범사생

우리 학교 기숙사가 다른 대학교 기숙사와 차이를 보이는 가장 주목할 만한 점 하나를 꼽으라고 하면 기숙사 내 별도의 통금 시간이 없다는 것이다. 이는 사생들 개인의 자율성을 최대한 보장해 주기 위해서라고 한다. 하지만 자유에는 항상 책임이 따르는 것, 다른 사생들에게 피해를 주는 것은 철저히 통제된다. 그래서 관악사에는 다음과 같은 벌점 규정이 있다.

▶ 벌점 규정

내 용	벌 점
1. 사내에서 화재를 일으킨 행위	10점

2. 사내에서의 절도, 폭행 행위	10점
3. 무단으로 입퇴사하거나 호실을 임의로 변경, 양도, 대여한 행위	10점
4. 허가되지 않은 전기기구 및 열기구를 무단으로 사용한 행위(전열기, 난로, 취사도구, 휘발유, 부탄가스, 양초 등)	8~10점
5. 고의적인 시설물 손괴 행위	5~10점
6. 타인의 물품(전화기, 음식물, 신문, 우편물 등)을 무단으로 사용한 행위	5~10점
7. 고의로 공유재산인 네트워크 환경에 좋지 않은 영향을 미치는 행위 네트워크 또는 전자메일을 통해 바이러스를 유포한 경우 FTP, HTTP 등의 서버를 기숙사 내에 설치하여 타인과 파일을 공유하는 경우 IP address를 무단으로 도용하는 경우 타인의 컴퓨터에 침입, 자료를 열람, 삭제, 유포하는 경우	5~10점
8. 소란 및 소음, 음주 등으로 타인에게 피해를 입힌 행위	5~10점
9. 카드키 및 출입 관련 비밀번호를 타인에게 유출시킨 행위	5~10점
10. 허용 시간 이외에 외부인 또는 타동 사생을 무단으로 출입, 숙박시킨 행위 허용 시간 : 평일 17:00 ~ 22:30 / 휴일 09:00 ~ 22:30 야간 시간(22:30 ~ 익일09:00)의 출입, 숙박 행위는 가중처벌 됨	5~10점
11. 허가되지 않은 전기기구 및 열기구를 무단으로 보유하거나 화재의 위험이 있는 인화물질을 반입한 행위(전열기, 난로, 취사도구, 휘발유, 부탄가스, 양초 등)	5점
12. 동 내에서 흡연을 한 행위	5점
13. 지정된 출입구 이외의 통로로 출입하는 행위	5점
14. 조교의 지시나 직원의 호실 점검에 정당한 사유 없이 불응한 행위	3~5점
15. 사내 시설물 및 기물에 허가되지 않은 장치 등을 설치하거나 부착하는 행위 (잠금장치 부착, 못질, 낙서, 스티커 부착 등)	3점
16. 오리엔테이션, 개별 면담에 정당한 사유 없이 불참한 행위	3점
17. 기타 공동생활에 부적합한 행위	3~10점

(출처: 관악사 오리엔테이션 자료집, 2011)

오늘 룸메이트 형이 하루 종일 울상이다. 동조교로부터 벌점을 통보받아 경위서를 쓰고 오는 중이라고 했다. 사건이 발생한 시각은 새벽 2시. 오늘 있을 수업 준비를 하고, 침대에 누워 잠을 청하던 중 룸메이트 형한테서 전화가 걸려왔다. 혀 꼬부라진 목소리로 지금 자신이 계단에 있는데 계단이 돌고 있어 방을 찾을 수가 없다고 했다. 사랑스런 우리 룸메이트 형. 걱정스런 마음에 허겁지겁 뛰어나갔다. '엘리베이터 놔두고 왜 계단으로 올라오려고 했을까? 우리 방은 5층이잖아.' 3층 복도 계단에서 웅크리고 앉아 있는 형을 발견했다. 형을 부축해서 조심스레 5층으로 올라갔다. 다른 친구들이 깰까 봐 조용히 형을 방에 눕히고 형이 복도에 실례한 것들을 치웠다. 완벽히 처리했다고 생각했는데, 다음날 동조교로부터 호출이 왔고, 우리 방과 같은 라인의 3층 사생 호실 문 앞에 형이 실례를 했다는 것을 나중에 알게 되었다. 아침에 방문 열고 나왔는데 떡 하니 있는 그것을 발견한 친구는 얼마나 기겁했을까?

형은 벌점 규정 8번. 소란 및 소음, 음주 등으로 타인에게 피해를 입힌 행위로 벌점 5점을 받았다. 벌점 6점 이상이 넘어가면 다음 년도에 기숙사 입사 지원 자체가 안 된다. 벌점은 2년 동안 누적되기 때문에 어떻게든 받지 않게 조심해야 한다. 3층 사생에게 사과를 하고, 반성문 쓰며 뉘우치는 형을 옆에서 지켜봤다. 어제 치운다고 치웠는데 남의 방문 앞에 그랬을 줄은 생각도 못했다. 미처 발견하지 못한 마음에 형한테 괜히 미안했다. 그렇게 시간이 흘렀다.

어느 날 방문 앞에 낯선 무언가가 붙어 있는 것을 발견했다. 꽃분홍색의 모범사생 스티커. 최근에 기숙사에서 모범사생 제도를 도입하고 있다는 소문은 들었는데 룸메이트 형이 그 첫 번째로 선정되었나보다! 형은 이 나이에 상 받는 건 처음이라며 내 손을 잡고 아이처럼 기뻐한다. 형 말처럼 우등생이었던 우리들 누구나 중 · 고등학교 때는 많은 상을 받은 경험이 있지만, 대학에 들어오고 나면 특별히 상 받을 기회가 그리 많지 않다.

형은 의기양양해 하며 우리 방을 모범사생 배출의 방으로 만드는 초석을 자기가 다졌다고 자랑했다. 몇 달 전 우울해 하던 형의 모습은 없다. 실제로 형은 이 일을 계기로 기숙사에 남다른 관심을 가지고 동조교 형을 찾아가거나 좋은 아이디어를 많이 내는 등 다양한 활동들을 했다. 칭찬의 힘이 대단하다는 것을 새삼 느꼈다.

벌점 받아서 우울해 하던 우리 룸메이트 형, 지금은 단연 모범 사생이다. 새로 들어오는 사생들도 자기 방문 앞에 이런 스티커가 붙어 있는 것을 마주한다면, 형이 생각하는 것처럼 자기도 모범적으로 생활해야 한다는 책임의식 같은 것을 느끼지 않을까?

우리 방문 앞에 있는 분홍색 스티커가 오늘 따라 더 도드라지게 분홍빛을 발하는 것 같다. 잘 만들었다. 이쁘구만!

뜨거운 코트를 가르며 슬램덩크

● 　　　일요일 아침 6시, 늘어지게 자고 싶은 유혹을 뿌리치고 침대에서 나와 잠옷을 벗고 체육복으로 갈아입는다. 까치 머리에 이어폰을 귀에 꽂고 엘리베이터를 타고 지하 2층으로 내려간다. 엘리베이터 문이 좌우로 열리면서 주인공 등장! 자기 기분에 도취한 상태로 멋있게 실내 체육관 문을 열었다.

만화책 속에 나오는 것보다 훨씬 근사한 대형 실내 농구장. 천장도 엄청 높다. 들어가 공을 '통, 통' 튕겨본다. 아무도 없는 체육관. 고요 속에 울려 퍼지는 농구공 소리. 슬램덩크 주인공 강백호가 된 마냥 한껏 폼을 잡고 골대를 향해 '슛', 서태웅 같은 현란한 드리블. 이렇게 혼자 놀며 몸을 풀고 있으니 친구들이 하나 둘 같은 모습으로 모여든다. 모두 까치 머리에 이어폰, 후드 티에 체육복.

오늘은 학과 동기 친구가 직장 동료들을 데리고 학교에 온다고 했다. 우리는 대학원생 vs 직장인, 이렇게 5:5 내기 농구를 하기로 했다. 사람들이 다 모이고 일렬로 정렬을 해 인사를 나눴다. 페어플레이를 위한 악수를 하며 경기는 시작됐다. 15점씩, 4쿼터 내기. 시간이 흐르고 구경하는 사람들도 하나 둘씩 모여 들어 코트 내 분위기가 장난이 아니다.

다들 혼신의 힘을 다한다. 볼은 빨갛게 상기되었고, 몸에서는 하얀 김이 나면서 옷은 땀으로 흥건하다. 호루라기 소리와 함께 게임 종료를 알리는 신호가 오자 누가 먼저라고 할 것도 없이 농구 코트에 누워 버린다. 모습만 보면 전부 슬램덩크 주인공들이다. 일요일 아침 체육관에서 흔하게 볼 수 있는 풍경들이다.

900동 지하 2층에 위치한 실내 체육관은 여러 용도로 쓰인다. 저녁이 되면 농구 코트 중앙에 배드민턴 코트가 만들어지고, 그 코트를 중심으로 배드민턴 치는 사람들, 양 옆에는 반 코트로 농구하는 사람들, 체육관 내 길게 드리워진 스탠드에서 이야기 하는 사람들, 또 지하 1층 독서실에서 휴식하러 나와 위에서 이 광경을 구경하는 사람들까지 다양하다. 가끔은 대학 새내기들의 친목 도모를 위한 행사를 진행하며 게임을 하는 장소로도 쓰이는 것 같다.

수많은 사람들이 한 공간에 모여 운동하며 어울리는 장소. 900동 실내 체육관. 이제는 주위에 소문이 많이 나서 기숙사에 살지 않는 교내 사람들도 900동 실내 체육관을 찾아온다. 이런 멋진 체육관이 있다는 건 관악사 사생으로서 누릴 수 있는 큰 축복이다. 공부하다 지친 마음 달래기 위해 들여야 하는 노력은 크지 않다. 멀리 운동장을 찾아갈 필요도 없다. 추울 때 밖으로 나갈 필요도 없다.

체육복에 농구공 하나, 배드민턴 라켓이면 된다. 기회가 되면 방문하셔서, 우리들처럼 뜨거운 코트를 가르며 슬램덩크 주인공이 되는 느낌을 함께 누려보시길.

함께 살아가기를 배우다

서울대에 합격하더라도 기숙사에 합격하기는 쉽지 않고, 거기서 1인실에 합격할 가능성은 과에서 장학금을 받는 것만큼 어렵다. 1인실 기숙사가 얼마나 좋냐하면 전신 거울, 개인 냉장고, 큰 옷장, 넓은 책장, 심지어 화장실에는 수건을 넣을 수 있는 유리 달린 선반과 샤워 부스까지 갖추어져 있다. 이 정도면 혼자 사는 게 제일 부러웠던 친구의 자취방보다도 훨씬 낫구나 싶다. 그래서인지 대학원에 들어와서 기숙사 1인실에 합격했다는 사실을 알았을 때, 그 기쁨은 대학원 합격보다 더하면 더하지 덜하진 않았다.

학부생은 기숙사 1인실을 선택할 수 없다. 1학년 때 기숙사에 합격해서 좋아했던 것도 잠시, 가족과 함께지만 나만의 방에서 20여년을 살아오다 갑자기 룸메이트를 가지게 된 기분이 마냥 편하지만은 않았다. 누군가와 함께 같은 공간을 나눠 써야 한다는 건 혼자 있을 때보다 배려하고 지켜야 할 일이 엄청나게 늘어난다는 의미이니까. 몸이 좋지 않아 일찍 자고 싶을 때 컴퓨터 모니터를 쳐다보며 낄낄거리고 있는 룸메이트를 보면 말은 하지 않았지만 속상하기도 했고 미리 얘기도 없이 친구를 데려왔을 때는 참고 또 참았다. 그렇지만 아마도 룸메이트 또한 나에게 말하지 않은 게 있겠지.

내 경우는 그나마 나았지만 심하게 다투고 룸메이트를 바꾸려 하거나 아예 퇴사해 버리는 경우도 적지 않다. 그럼에도 불구하고 새로 지은 건물도 2인실로 만드는 이유는 기숙사 생활을 교육의 연장이라고 보기 때문이다. 지내다 보면 서로 부딪힐 때도 있겠지만 돕고 양보해가며 함께 살아가는 방법을 배우라는 것이다. 정확히 말하자면 그런 취지에서 대학원생도 모두 1인실을 사용할 수 있는 것은 아니다. 약 2천 석 가까이 되는 2인실에 비해 1인실은 신축 생활관을 통틀어 250석, 918동에 300석 정도이니까. 그나마 그 1인실도 박사 과정 정도 되어야 입사하기 쉽다.

또 한 가지 더 특이한 점은, 대학원생들이 살고 있는 900~905동 기숙사는 혼성동이다. 말 그대로 같은 층에 남녀가 섞여 사는 형태로, 내 옆방이 남자일 수도 있고 여자일 수도 있다. 사실 처음 신축 기숙사에 들어 와서, 조리실을 구경하기 위해 방을 나오다 흠칫 놀랐다. 왼쪽 방에서 남자, 건너편 방에서는 여자가 열심히 짐을 정리하고 있는 게 아닌가. 알고 보니 사감 선생님과 기숙사 운영위원들께서 섞여 살면 같은 성별끼리 지낼 때보다 서로 덜 예민하게 대할수 있고 그 외에도 빈 방이 생겼을 때 성별 상관없이 대기자들에게 골고루 방을 줄 수 있다는 실용적 이유에서 그렇게 결정하셨단다. 겪어보니 막상 방에 들어와 있으면 생각보다 옆방에 어떤 성별의 사람이 있는지는 별로 신경 쓰이지 않는다. 다음에 얼굴을 익히면 좀 친하게 지내볼까 하는 생각이 들기도 하고.

사실 2인실이라 다른 사람과 부대끼며 살아가야 한다는 이유로 기숙사에서 퇴사하고, 남녀혼성동이 도덕적이지 않다는 이유로 비난하는 사람들도 있다. 그렇지만 이 순간에도 5천 명 가까이 되는 서울대생들은 내 선배, 후배, 동기일지도 모르는 누군가와 함께 시간을 보내고 있다. 개중에는 자신의 숙제까지 미뤄 놓고 룸메이트의 고민 상담을 들어주거나, 함께 야식을 먹거나 옆방 여학생의 짐을 들어 주는 사람도 있을 것이다. 편한 선택이 반드시 좋은 결과로 이어지는 건 아니다. 조금의 불편은 감수하고 다른 사람과 어울려 지내보려는 노력이 필요할지도 모른다.

900동, 905동 신축 기숙사

900동, 903동, 905동 신축 기숙사

918동 대학원 기숙사

919동 아파트형 기숙사

서울대 기숙사 텃밭 꾸미기

900동 신축 기숙사 실내 체육관

관악사 챔피언리그가 펼쳐지는 기숙사 운동장

기숙사 삼거리 벚꽃길

구관 학부동 기숙사

구관 기숙사 공용 샤워실

신축 기숙사 로비

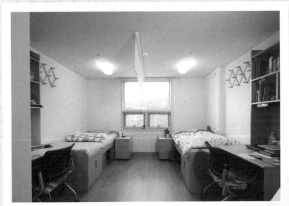

신축 기숙사 2인실

'아, 오늘은 빨리 밥을 먹을 수 있을까.'

일요일 아침, 평일에 못 잤던 잠을 몰아서 자느라 늦게 일어났다. 허겁지겁 모자를 쓰고, 눈을 비비며 919동 기숙사 식당으로 달려갔다. 이미 도로변에 즐비하게 택시들이 들어서 있고 기사 아저씨들이 삼삼오오 모여서 식당에 입장하고 계신다. 알록달록 등산복을 입고 배낭을 멘 등산 동호회 분들이 손에는 등산스틱을 들고 줄을 서려고 들어오신다. 아이들 손 잡고 올라오신 동네 주민 분들까지 보인다. 아아, 이쯤 되면 표를 사고 밥을 먹기 위해 한참을 기다려야 한다. 늦잠을 잔 내 탓을 하기로 한다.

점심시간에 끝을 알 수 없이 길게 늘어선 줄을 보면 기숙사 식당의 인기를 실감하게 된다. 가격 2500원~3000원에 맛있는 메인 요리와 깔끔한 반찬을 맛볼 수 있다는 건 우리 학교 기숙사 식당의 자랑이다. 학교에서 시행하는 서울대학교 교내 학생식당 선호도 평가가 있는데 맛과 양, 서비스로 919동 기숙사 식당은 부동의 1위 자리를 내주지 않고 있다. 기숙사 식당은 허기진 내 배 속에 기쁨을 주는 고마운 식당인 것이다.

1. 기숙사 식당 아워홈

901동에 위치하고 있는 아워홈은 가장 최근에 지어졌다. 무인 식권 발매기가 인상적이다. 이 식당의 장점은 뭐니뭐니 해도 쾌적함과 깔끔함이다. 점심 시간이면 학교의 모든 식당이 발 디딜 틈 없이 붐빔에도 불구하고, 여기서만큼은 한적하고 여유롭게 식사를 즐길 수 있다. 후식으로 나오는 다채로운 음료가 일품이고, 저녁시간에는 콘프레이크와 함께 나오는 샐러드,

마카로니가 항시 대기 중이다. 여
러 실험적인 메뉴들도 다양하게
선보이므로 입이 즐겁다. 가격
은 2500~4000원으로 다양하다.
한 가지 팁, 월 아침 식권을 구
매하면 매일 아워홈 옆에 위치
한 카페 '그랑'에서 제공하는 아

메리카노가 무료! 모닝 커피 홀릭인 친구들에겐 최고의 아침 식당임이 틀
림없다.

2. 학관 식당

  학교에서 학생들이 가장 많이 이용하는 식당은 두 말할 것도 없이 학생
회관 식당이다. 학생들은 줄여서 '학관 식당', '학관'으로 부르는 곳이다. 사
람 많기로는 둘째가라면 서러운 이곳의 메뉴는 평범하다. 세 가지 메뉴를
파는데 사람이 너무 많아서 밥 먹을 때면 겨울에도 땀이 난다. 학교를 찾
는 선배들에게 식당하면 가장
먼저 떠올릴, 향수가 살아 있
는 공간이다. 이곳 1층은 세 가
지 메뉴를 판매하고 있는데 가
끔 특별한 분식을 먹고 싶은 학
생을 위해서 지하 1층에 분식 식

당을 마련해 놓았다. 오후 2시부터 문을 여는데, 비빔국수가 특히 일품이다. 학관 2층에는 작은 부스에서 샌드위치와 각종 햄버거도 판매하고 있는데 한 번 맛을 들이면 계속 생각난다. 맥도날드, 버거킹 저리 가라할 정도로 맛있다.

3. 음미대 식당

학교의 음악대학과 미술대학 옆 숲속 공터에도 고즈넉하게 식당이 하나

자리 잡고 있다. 음미대 식당이라고 부르는 이곳은 두 가지 메뉴가 항상 나오고, 맛이 아주 뛰어나지는 않지만 기복 없는 꾸준한 맛을 자랑한다. 다만 음미대 식당에는 채식주의자를 위한 채식식단을 따로 운영하는데, 뷔페식으로 떠

서 먹게 되어 있다. 이게 또 건강을 챙기는 학생들에게는 인기 만점이다. 때문에 항상 줄이 길게 늘어서져 있다. 학교에 채식주의자들이 정말 많다는 걸 실감하게 된다. 난 고기 홀릭이기 때문에 패스.

4. 자하연 식당

가끔 학교에 놀러오겠다는 친구들에게 보여줄 명소가 없어 고민을 하다 보면 결국 '그래도' 하며 향하게 되는 곳이 바로 자하연이다. 보라색 빛을

띠는 연못에서 그 이름이 유래됐다고 하는데 여기 경치가 아주 좋다. 그 연못 옆에는 식당이 하나 있는데 그곳을 학생들은 자하연 식당이라고 부른다. 중앙도서관에서 가장 접근성이 좋기 때문에 점심시간이면 많은 사람들이 손쉽게 찾는 곳이다. '자하연'을 옆에 끼고 있기에 이곳 풍경은 계절마다 옷을 갈아입는다. 그야말로 계절을 가장 잘 느낄 수 있는 식당이다. 창가 쪽에 앉으면 담소하는 사람들과 연못, 버드나무가 늘어뜨린 풍경들을 덤으로 감상할 수 있다.

이곳 자하연 식당에는 두 개의 메뉴가 있고, 2층에는 좀 더 비싸고 맛있는 다양한 음식을 즐길 수 있다. 주방장의 실험 정신이 메뉴로 종종 발휘되는 이곳에선 런치 스페셜 타임에 진귀한(?)음식들을 많이 맛볼 수 있다. 개인적으로는 복 매운탕 요리가 일품이다. 학교에서 복요리를 먹을 수 있다니!

5. 농대 식당

농업생명과학대학에 옆에 위치한 농대 식당은 어떤가. 이곳은 학내에서 가장 많은 메뉴를 제공하는 곳이다. 무려 여덟 개의 식사 메뉴를 만날 수 있다. 그린과 오렌지색이 적절하게 조화를 이뤄 환경을 생각하는 모습을 유감없이 드러내는 최신식 인테리어, 거기에다 밥을 먹으면서 관악산의 절

경이 한 폭의 그림처럼 한눈에 들어온다. 공간도 매우 넓고 좌석도 많다. 관악산의 절경을 감상하며 유유자적하며 식사를 즐기고 싶으면 농대 식당으로 가시라.

6. 솔밭식당

오전 강의가 끝났는데 친구랑 나 오늘따라 영 입맛이 없다. 밥은 먹어야 되는데 식당들마다 줄들을 미어터지고, '좀 선선한 데서 제대로 된 밥을 먹을 수 없을까?' 그래, 결정했어. 오늘은 소나무 숲 아래에서 엄청 싼 가격, 푸짐한 양, 촌에 가야만 먹어볼 수 있는 구수한 맛의 소고기 국밥, 선지 국밥과 촌국수를 말아주는 '솔밭식당'으로 가기로 한다. 소나무 숲이 우거진 이곳에서 밥을 먹으니 솔향이 솔솔 나면서, 머리까지 개운해지는 느낌이다.

7. 공대 엔지니어링하우스

만약 여자 친구나 남자 친구와의 기념일을 깜박했더라도 걱정하거나 당황하지 마라! 당장 산더미 같은 과제 때문에 학교를 벗어날 수는 없고. 하지만 기념일을 잊는 것은 신사나 숙녀로서 해서는 안 될 일. 이럴 땐, 공대 '엔지니어링 하우스'로 가자. 중식과 양식을 선택할 수 있는 이곳은 학내 최고의 전망을 자랑한다. 럭셔리한 음식과 아늑한 분위기를 연출할 수 있

다. 시내의 고급레스토랑 못지않다. 다만 지갑은 두둑이 준비해서 가고, 복장에도 신경을 써야한다. 가격이 만만치 않은데다 복장이 너무 편안하면 출입에 제한을 받을 수도 있으니까!

Tip. 슬리퍼 신고 못가요.

그 외 학교 식당은 아니지만 타코, 쌀국수, 더 키친, 비비고, 파파이스, 비비큐 카페 등 식사를 해결할 수 있는 다양한 장소들이 있으니 참고해서 잘 활용하시길 바란다.

서울대 안에는 다양한 분위기의 카페들이 있다. 학생들의 여가 시간과 함께하는 공간, 하나씩 소개하려 한다.

1. 인문대 'MUG'

인문대 신양 학술관 1층에 위치해 있다. 음료 외에도 쿠키, 머핀, 샌드위치, 주먹밥까지 판매하고 있으며 맛은 평이 하지만 부담 없는 가격에 애용하기 좋다. 옆에 북카페도 있지만, 날씨가 좋은 날에는 음료를 산 뒤 밖에 앉아 담소를 나누기에 좋은 위치에 있다.

2. 법대 '이야기'

자그마한 매장에 들어서면 은은한 커피 향기와 달콤한 에그 타르트의 향이 방문객을 가장 먼저 맞이한다. 더치커피, 메이플 라떼 등 다양한 메뉴가 있고 밀크티는 직접 아쌈을 우려내어 만드는 등 전문적이다. 가격은 제법 비싸지만, 테이크아웃으로 주문할 경우 일정 금액을 할인해준다.

3. 음미대 'KAG'

O자형 의자, 물결무늬 책장, 보랏빛 조명의 네모난 천장. 실내의 독특

한 인테리어가 매력적인 북카페 KAG에는 확실히 패션센스가 뛰어난 학생들이 많은 것 같다는 생각이 든다. 메뉴는 일반 카페와 같고, 주문 뒤에 음료가 나오는 속도가 학내 카페 중 가장 빠른 것 같다.

4. 자하연 근처 '지하연'

자하연 식당 입구에 위치한 자그마한 테이크아웃 전문점이다. 보통의 음료수류와 쿠키를 판매하지만 서울대 대표 간식이라고도 불리는 와플과 커피 속 아이스크림은 한번쯤 꼭 먹어보길. 아주머니 두 분이 주문을 받고 동시에 메뉴를 만들어 주시는데 사람이 많을 때 주저하면 혼난다.

5. 언어교육원 '판코(FANCO)'

식품영양학과에서 관리하는 이곳은 언어교육원 학생들과 근처 단대 학생들로 늘 가득 차 있다. 가격 대비 맛이 좋다는 반응을 얻고 있으며, 몇몇 음료에는 '판코 커피'나 '판코치노' 등 특색 있는 이름을 붙여 판매하고 있다. 아메리카노는 조금 쓰다.

6. 사범대 '투굿'

사범대 식당 2층 분식코너와 매점 옆에 위치하고 있다. 위치상 주로 사범대 학생들이 많이 이용하며 커피 맛은 평이 하지만 샌드위치나 조각 케이크는 맛있다.

7. 농생대 '벨에삐'

단순한 카페가 아니라 카페형 베이커리로 제법 다양한 빵들을 판매하고 있으며 카페로 내려가는 계단 근처만 가도 빵내음이 손님을 유혹한다. 커피 맛은 상대적으로 보통이라는 평이 많지만, 최근 교내 설문조사에서

전반적인 이용 만족도를 측정했을 때 상위권을 차지했다.

8. 아랫공대 '더 랩(The Lab 24/7)'

줄여서 랩이라고 부르는 이곳은 나무 바닥과 단색의 심플한 이미지를 가진 카페이다. 자몽, 살구 등 다른 곳과 차별화되는 다양한 과일 주스와 라떼

종류에 서울우유를 사용한다
는 사실이 매력적이다. 양이
조금 적다는 지적도 있지만
전반적으로 음료 맛이 괜찮
은 편이다.

9. 기타

　중앙도서관 '뚜레쥬르', 사범대 '파스쿠치', 자연대 '투썸', 법대 '자바시
티(JAVA CITY)' 등 학교 내에 외부 업체들도 입점해 있다. 2000년대 초
반까지는 상상도 못할 일이었으나 이제는 다들 당연하게 받아들이고 있는
것 같다. 서울대학교 학생증을 제시하면 20%까지 할인해준다.

누가
서울대생을
공부벌레라고

했지?

동팅, 두근두근 이상형과의 만남

"딩동댕. 조교실에서 알려드립니다. 지금 동팅하러 가실 분들은 기숙사 아고리움 앞으로 나와 주시기 바랍니다."

으아, 드디어 이 시간이 와 버렸다. 오늘은 동팅하기로 되어 있는 날. 오랜 시간 솔로로 지내온 나로서는 참으로 반가운 날이 되어야 할 법한데 왠지 두려움과 어색함이 벌컥 앞선다. '오, 신이시여 그저 이 시간이 얼른 지나가게 해주옵소서.' 마음속으로 빌어보지만 이게 정말 내 속마음인지 아닌지도 분간이 되지 않는다.

저번 주 방에서 컴퓨터를 하다가 깜빡 저녁 먹는다는 것을 잊고 있었던 까닭에 배에서 꼬르륵 소리가 들려왔다. 출출한 김에 매점에 가서 컵라면과 과자, 바나나, 빵을 사고 기숙사 현관으로 들어오고 있었다. 그날따라 웬일인지 현관 앞에서 기숙사 조교님이 아이들을 붙잡고 뭔가 물어보고 있었다. 헉, 뭐지? 도둑이 제 발 저리다고 하지만, 나는 도둑도 아닌데 제 발이 저리기 시작한다. 어린 시절부터 고질적으로 등장하던 낯가림병이 도졌다. 어떡하지? 살짝 고민이 되기 시작한다. 잠깐 벤치에 앉아 있다가 들어갈까? 그렇게 망설이다가 그냥 태연하게 통과해보기로 결심했다.

기숙사 현관문을 열고 들어서는데 아니나 다를까 조교님이 나를 붙잡는다.

"저기, 사생!"

"네?"

'헉, 난 아무 잘못한 거 없는데. 늦은 시간까지 외부인을 출입시킨 적도 없고, 쓰레기 분리수거도 꼬박꼬박 잘해왔으며 룸메이트와는 원만한 관계를 유지하고 있는데. 그리고 늦은 밤에 치킨과 맥주를 시켜먹은 적이 있기는 하지만 그건 다른 사람들도 그렇게 하는 거라고.' 이렇게 마음속으로 되뇌고 있는데 조교님 왈.

"사생, 다음 주 수요일에 동팅하려고 하는데 같이 갈래요?"

"동팅이요?"

"네, 다른 동 기숙사와 단체미팅을 주선하고 있어요. 괜찮은 이성 친구를 만날 수도 있는 좋은 기회라고 생각해요. 재밌을 것 같지 않아요?"

"아, 네."

그리고 얼떨결에 조교님의 권유에 따라 종이에다 내 이름과 전화번호를 적고 방으로 들어오고 말았다. '헉, 내가 무슨 짓을 한 거야. 그럼 다음 주에 미팅을 하는 건가? 아, 어떡해.' 왠지 약간 기대도 되면서 설레기도 하고 괜한 짓을 한 건 아닌가 후회가 되기도 한다. 그러나 상상력은 내 힘으로도 막을 수 없는 것이어서 샤랄라한 이상형이 등장할 것 같은 꿈을 꾸기도 했다.

그리하여 드디어 D-day. 아고리움 앞에는 15명 남짓한 남녀들이 운집했다. 아직은 시선도 서로 잘 못 마주치고 어색한 분위기다. 그리고 각각 여자 동, 남자 동조교님이 주선자로 와 주셨다.

"자, 그러면 다들 모인 것 같은데 아고리움으로 갈까요?"

아고리움은 기숙사에 있는 맥주를 파는 집이다. 꽤 넓은 홀을 조교님들이 예약을 해놓으셨다. 남학생들과 여학생들이 서로를 마주보고 앉았다. 내가 앉은 라인을 슬쩍 스캔을 해보고 나서 내 등급은 어느 정도인지 스스로 가늠해본다. '음. 전체 15명 중에 나는 중상위권은 되겠어.' 그리고 오늘 벌어질 이상형 쟁탈전 내지는, 폭탄 회피전의 양상이 어떻게 돌아갈 것인가 맞은편 라인을 훑어본다.

"에, 여러분 모두 이렇게 와 주셔서 감사해요. 저는 남자 동 921동을 맡고 있는 조교이고요, 여기 이 분은 여자 동 926동을 맡고 있는 조교님이세요. 아직 조금 어색한 자리이기도 하니까 서로 간단히 돌아가면서 자기소개를 하도록 할까요?"

'아이, 뭐야 진부하게 자기소개?' 하지만 자기소개를 들으면서 참석한 사람들의 면면을 내 나름대로 평가하기 시작했다. 그러다가 다음 발표자의 차례… 헉. 내 이상형에 87% 근접한 상당한 미모와 분위기의 소유자가 등장하고 말았다. 아, 이런 것을 두고 콩깍지가 쓰인다고 하는 것인가. 오늘 이 사람을 만나기 위해 이렇게 운명적으로 동팅에 참여하게 되었다는 것을 쉽게 깨달을 수 있었다. 어쩌면 이렇게 눈이 초롱하고 속눈썹이 이토록 길단 말이냐. 내 이상형 목록에 '속눈썹이 아름다울 것'이라는 항목이 새로 추가되는 것을 느꼈다. 그 사람은 일어나 조용히 자기의 이름과 동 호실을 말했다. 단대와 전공이 뭐였는지는 옆에서 발생한 소음 때문에 못 듣고 말았다. 에잇, 이 원망스러운 소음들아.

자기소개가 끝나고 맥주와 안주들이 나왔다. 내 시선과 관심은 그 사람에 고정되어 있어서 맥주와 안주 따위에는 관심이 없을 법도 했으나 출출함을 해결해야 했으므로 하나 둘 집어먹기 시작했다.

이번엔 조교님이 분위기 업을 위해서 게임을 하자고 제안했다. '오, 마이 갓. 안 돼. 차라리 영어 회화를 하자고 그러지. 게임만은 안 돼. 나는 게임치란 말이다.' 게임에 유독 약한 나는 고등학교 시절부터 369나 이중모션 같은 게임에 번번이 당했다. 인디언밥 벌칙으로 등짝에 멍이 든 적이 한두 번이 아니었으며 신입생 환영회 때에는 술 먹기 벌칙으로 필름이 끊긴 적도 있었다. 나중에 들어보니 필름이 끊기고 스트리트 피자를 쏟아낸 적도 있었다고 하니 두말 다 한 것이다. 그런데 게임이라니! 그 사람 앞에서 벌칙을 당할 생각을 하니 벌써부터 내 명예가 실추된 것만 같이 느껴졌다. 그러나 어쩌랴 대중이 원하는 것을.

그날 밤 게임의 여신이 내게 미소를 보내주었으면 좋았겠지만, 결과는 역시 참패. 나는 그 누구보다 많이 벌칙에 걸려 맥주를 거푸 한 통을 다 비워낼 정도로 마셔 버리고 말았다. 얼굴은 빨개지고 정신은 얼떨떨하고 최하의 컨디션에서 허덕이고 있었다.

가장 마지막 핵심적인 순서. 조교님은 클래식한 방법으로 파트너를 골라보자고 했다. 자기를 대신할 수 있는 물건을 꺼내서 상대가 선택하자는 것이다. 나는 또다시 두려움에 휩싸이고 말았다. 취중에도 확률이 1/15 이라는 것을 알았으므로, 그 사람을 파트너로 맞이할 확률은 꽤 희박하다는 걸 알았다. 나는 그 사람에게 강렬한 눈빛을 보냈고 마침내 그 사람은 나를 응시했다.

테이블 위에는 온갖 물건들이 쏟아졌다. 연필, 휴대전화줄, 손수건, 마우스, 반지, 머리끈, 큐빅 등등. '오, 신이시여 제발 그 사람의 물건을 잡게 해주옵소서.'

파트너들이 하나씩 연결되기 시작했다. 드디어 그 사람의 차례. 그 사람은 처음에 엉뚱한 물건을 잡으려고 하더니, 그것을 잡지 않고 내가 내놓은 손목시계를 잡으려 했다. '오, 그래 그거야 덥석 잡아.' 그러나 그걸 들어 올릴 듯하다가 결국 작은 큐빅을 잡았다.

'오, 노.'

그래서? 내 파트너는 전혀 예상치 못한 사람이었다. 이상형과 싱크로율 15%에 불과했다면 너무 주관적인 생각일까. 그 사람은 계속 나를 벌칙 받게 한 게임의 달인이었다. 그 사람은 싱글벙글 웃으며 내게 반갑다고 했다. 어쨌거나 우리는 모임이 파하고 학교의 외곽순환도로를 따라 한 바퀴 걸으며 이야기를 했다. 참 좋은 사람이었다.

환경대학원 위의 언덕에서 신림동 야경이 보였다. 우리는 서로의 고향 이야기와 각자의 꿈과 공부에 대해서 이야기를 나누었다. 물론 나는 맥주를 너무 마신 까닭에 화장실 가고 싶은 것을 꾹 참고 있었지만 말이다. 즐겁게 이야기를 나눈 우리는 휴대전화 번호를 주고받고서 각자의 방으로 돌아갔다.

연애상대를 만날 수는 없었지만 새로운 사람을 만나고 새로운 경험을 할 수 있었다는 점에서 동팅은 좋은 경험이었다고 말하고 싶다.

역사가 있는 곳엔 반드시

지금 사는 기숙사 건물은 총 18개로, 그중 11개가 2000년 대 이후 지어진 신축 건물이다. 워낙 현대식 건물이다 보니 밤에도 환하고 깨끗하다는 느낌이 강하다. 하지만 재건축 이전엔 조금 달랐다.

지금은 허물어진 행정동, 900동 건물은 80년대에 지어졌고 약 30년 동안 사용되어 왔으니 역사가 오래된 건물이라 볼 수 있겠다. 이제 할 이야기는 거기서 근무하시던 행정실 선생님의 이야기.

당시 900동 3층에는 기숙사 행정실이 있었고 바로 옆에 자그마한 탕비실이 딸려 있었다. 탕비실에는 정수기와 싱크대, 소파가 비치되어 있어 여직원 선생님들은 점심시간에 거기서 수다를 떨거나 잠깐 눈을 붙이기도 하셨단다.

경험담을 얘기해주신 젊은 여 선생님은 학창 시절부터 귀신을 잘 느끼는 편이었다고 한다. 어느 날 탕비실에서 잠시 눈을 붙이고 일어났는데 조금 묘한 기분이 들어 신경이 쓰이셨단다. 그래도 탕비실 자체가 행정실과 바로 이어져있는데다 창문도 넓어 설마 무슨 일이 있겠냐 싶어 다음에도 거기서 잠시 주무셨다고. 그런데 잠결에 누군가가 본인의 이름을 친근하게 부르는 소리가 들렸고 선생님은 일어나야지 하면서도 피곤해서 눈을 감은 채 좀 더 누워있었다고 한다.

한동안 계속되던 이름 부르기는 다시 깊이 잠이 들려던 무렵 멈추었고, 조용해졌네 싶던 순간 번쩍! 누군가가 뒤통수를 세게 때리는 바람에 선생님은 머리를 움켜쥐고 눈을 떴다고. 너무너무 아파서 눈물까지 나오는데 누군가 싶어 두리번거리는 그 순간 등골이 서늘하더란다. 그 이후로 탕비실에서 혼자서 쉬는 경우는 없었다고 한다.

다른 이야기도 있다. 한여름, 한 조교가 동 내에서 아기 우는 소리가 자꾸 들린다는 사생 신고를 듣고서 여기저기를 돌아봤다고 한다. 처음에는 밖에서 들리는 고양이 울음소리려니 했는데 밤 12시쯤 되면 동 내에서 들린다는 것이다. 어느 날, 조교도 드디어 그 고양이 소리를 듣게 되었고 동 근로장학생은 밖에서, 조교는 안에서 찾았지만 끝끝내 찾을 수 없었을 뿐더러 그 울음소리는 한동안 계속되었다고 한다.

괴담까지는 아니지만, 2010년 연말에 918동 엘리베이터는 사람이 타기만 하면 때때로 "만원입니다"라는 안내 멘트를 해 사생들을 오싹하게 만들기도 했다. 점검을 해도 별다른 이상이 없었고, 항상 그런 것도 아니었는데 간혹 혼자 탈 때 만원이라는 멘트가 나오면 양쪽에 붙어있는 거울을 애써 외면하며 어서 문이 열리기를 기다리곤 했다. 그러던 중, 한 사생이 엘리베이터에 남긴 "너무 비싸요"라는 재치 있는 쪽지 한 장으로 분위기는 한결 누그러졌고, 문제가 발견되었는지 스스로 고쳐졌는지 엘리베이터는 정상으로 돌아왔다.

　원래 사람들이 많은 시간을 보내는 곳, 즉 집이나 학교와 관련 있는 괴담이 가장 무섭게 느껴진다. 기숙사도 주거 공간이다 보니 괴담 하나 둘쯤은 있을 법한데, 아직 회자되지 않은 무서운 이야기들도 분명 더 많이 있지 않을까?

한여름밤의 세레나데

　어떤 집단이든 연애 이야기만큼 재미있는 건 없는 것 같다. 누가 누구를 좋아해서 열심히 쫓아다닌 이야기라거나, 몰래 사귀는 두 사람의 모르는 척하는 행동을 모두들 알고 뒤에서 웃겨 죽을 뻔했다거나, 고백 이야기라거나, 조금 안타까운 삼각관계라거나. 기숙사도 사람이 살다 보니 커플들에게는, 아니 사랑하는 사람들에게는 당연히 연애의 공간이다.

　구관에서 921~4동은 남자, 925~6동은 여자 동인데 왜인지 몰라도 여자 동은 남자 동과 떨어져 있다. 920동 아고리움에서 왼편으로 열 발자국 정도 들어가면 925동 입구가 있고, 조금 떨어진 곳에 926동 입구가 보인다. 이곳에는 공터와 가로등, 벤치도 있어 꽤 운치가 있다. 그래서 여자 친구를 기숙사 현관까지 바래다주던 센스 있던 많은 남친들은 이곳에 주저앉아 몇 시간이고 헤어질 줄 모르곤 한다. 특히 조교실에서 이 공터가 훤하게 내려다 보이는 925동 동조교들은, 매일 근무 중에 수많은 커플들을 보았다며 혼자인 처지를 한탄하곤 했다는 뒷이야기도 있다.

그러던 중, 지금도 잊을 수 없는 사건이 발생했다. 어느 날, 현관을 지나쳐 가는데 웬 남학생 하나가 밖에서 서성이고 있었다. 희미한 가로등 속에서도 보이는 초조한 기색, 어쩔 줄 모르는 듯한 몸짓에 조금 의아하다 싶었지만 얼른 방에 가서 쉬고 싶은 생각이 앞서 그냥 지나쳤다. 그렇게 돌아와서 씻고 10분 정도 흘렀을까. 밖에서 웅얼웅얼하는 이상한 소리가 나서 살짝 내다보니 그 학생은 어느새 장미를 들고 이렇게 말하고 있었다.

"○○아, 사랑해."

고백을 하고 있었던 것이다. 불이 켜진 1층 어떤 방 창문 앞에서. 그 모습이 민망하기도 해서 나는 벌어진 입을 손으로 막은 채 계속 밖을 내다보고 있었다. 그 학생은 왜 너를 좋아하게 되었는지, 어떤 모습이 너의 매력인지, 자신이 부족하지만 최선을 다할 수 있다는 내용을 써온 종이를 참고해 가며 읊조렸고 수줍은 고백은 여름철 에어컨이 없어 활짝 열린 창문을 통해 기숙사 전체에 실시간 중계되었다.

10분가량 흘러 슬슬 지겨워져 책상에 앉았다. 그런데 잠시 후 들려오는 바이올린 소리에 나는 실례라는 사실도 잊고서 다시 얼굴을 내밀 수밖에 없었다. 그 학생은 조금은 서툰 솜씨지만 진지한 얼굴로 엘가의 〈사랑의 인사〉를 연주하고 있었다. 꽤 어려 보여서 풋풋하다고만 생각했는데 그 남학생은 여러 가지로 기대 이상이었다. 세레나데는 5분 정도 이어졌고 그 사이 나는 확신했다. 이 정도면 주변 모든 방에 있는 사생들이 호기심 가득한 얼굴로 밖을 내다보고 있을 거란 사실을.

조금은 선선한 여름밤, 풀벌레 소리와 함께 의자 위에 놓인 붉은 장미, 진지한 사랑 고백, 열과 성의를 다해 연주하고 있는 한 남자. 그날 난 약간의 감동과 함께 공개 구혼이나 프러포즈는 100% 창피하다는 대리 경험을 얻었다. 물론 그 학생은 연주가 끝난 다음 다시 한 번 사랑해, 한마디를 남기고 조용하고 깔끔하게 사라졌다.

며칠 뒤, 학교 커뮤니티인 스누라이프에 들어가니 그 사랑 고백은 많은 사람들에게 회자되고 있었다. 사실, 눈에 보이진 않지만 더욱 다양하고 많은 고백들이 존재하겠지. 갓 시작한 대학생활, 가슴을 뛰게 하는 누군가에 대한 소중한 설렘이건 학부, 석사, 박사에 걸친 긴 시간 동안 식상해져 있던 마음에 다시 활기를 불어넣어준 두근거림이건 간에 사랑은 좋은 것 같다. 어떤 작가도 말하지 않았던가.

지금 사랑하지 않는 자, 유죄라고.

낭만 교수님

    ●   연구실 회식이 있는 날이었다. 한 달에 1~2회 정도 연구실 식구들끼리의 화목을 도모하고, 서로의 사기 증진을 위해 회식 자리를 갖는데 오늘 따라 유난히 교수님의 기분이 좋아 보이신다. 평소보다 술도 많이 드시는 것 같다.

우리 교수님은 나와 이웃사촌이다. 학교 내에 위치한 교수아파트에서 거주하고 계시는데, 기숙사와는 걸어서 10분도 채 걸리지 않는다. 교수님께서 술을 드셨기 때문에 교수님과 이웃사촌인 내가 교수님을 댁에 모셔다 드리기로 했다. 교수님 차를 운전해 낙성대 쪽으로 왔다. 차를 타고 오는 도중에 이런 저런 이야기들을 하셨는데 오늘이 교수님 결혼기념일이라는 걸 알게 되었다.

"아니, 교수님 그러면 일찍 들어가셨어야 하는 것 아니에요? 사모님께서 섭섭해 하시겠습니다."

교수님께서는 "허허" 하고 한 번 크게 웃곤 마신다.

교수아파트에 차를 주차하고 교수님과 밖으로 나갔다. 취기가 많이 오르신 것 같아 댁까지 직접 모셔다 드리려고 했지만 괜찮다시며 이제 그만 가보라고 하신다. 시계를 보니 밤 11시를 가리키고 있다. '그래, 모셔다 드리면 마음이야 편하겠지만 밤늦게 식구들도 계실 텐데 실례겠지?' 싶어서 교수님께 인사를 드리고 기숙사를 향해 올라갔다. 노래를 흥얼거리며 후문을 지났다.

갈증이 나 음료수를 한 잔 마시려고 매점에 들어가는데 휴대전화가 울렸다. 학교 전화 같은데 잘 모르는 번호다.

"여보세요. 누구세요?"

"어, 학생인 것 같네? 여기 교수님이 쓰러져 계신데 빨리 좀 와 봐."

"예?!"

마른하늘에 날벼락이라고 방금까지 같이 계셨던 교수님이 쓰러지셨다니, 순간 오만 가지 생각이 다 들었다. '이게 어떻게 된 일이지? 내가 끝까지 모셔다 드렸어야 했는데' 하는 생각에 손이 떨렸다. 올라왔던 길을 빛의 속도로 달려 내려갔다. 내 생전 그렇게 빨리 뛰어 보긴 처음이었던 것 같다.

숨을 헐떡이며 주위를 둘러보니 놀이터 옆 풀밭에 랜턴 빛이 보인다. 경비실 아저씨께서 교수님을 흔들고 계셨다. 아까 교수님과의 통화내역이 있어서 경비실 아저씨께서 내게 전화를 거셨다고 했다. 다행히 생각했던 것보다 큰일은 아니었다. 교수님께선 아주 편안한 상태로 풀밭에 누워계셨다. 다친 데는 없어 보였다. 경비실 아저씨와 함께 교수님을 부축해 일으켜 세웠다. 예전에 교수님 댁에 몇 번 가본 적이 있어서 동과 호수를 기억하고 있었다.

그렇게 무거워진 교수님을 모시고 댁으로 가려는데 풀밭에 뭔가 떨어져 있는 것이 보였다. '어, 저게 뭐지?' 편지처럼 보이는 봉투와 정성스레 포장되어 있는 선물이다. '결혼기념일이라고 하시더니 준비하신 건가.' 그것들을 주섬주섬 챙겨 교수님을 모시고 댁으로 향했다.

벨을 누르니 사모님께서 나오신다. 문을 여는 순간부터 표정이 안 좋으시다. 나에게 연신 미안하다고 하신다. 괜찮다고 말씀드리며 교수님을 방에 눕혀드리고 나왔다. 사모님께서 과일이라도 좀 먹고 가라고 잡으시는데 시간이 늦어 괜찮다고 하며 문을 나서려는 순간 아까 교수님이 가지고 계셨던 선물이랑 봉투 생각이 나 건네 드렸다.

"아, 오늘 교수님께서 결혼기념일이라고 아까부터 계속 말씀하셨어요. 그리고 이거 사모님 드리려고 하셨던 것 같습니다."

굳어 있던 사모님의 낯빛이 조금 환하게 변하는 것 같더니, 이내 수줍어하셨다.

　인사를 드리고 기숙사로 올라오는 발걸음이 가볍다. 환갑이 다 되어 가시는데 여전히 저렇게 서로 사랑하는 모습을 보니 내가 다 기분이 좋다. 멋진 우리 교수님, 저도 닮고 싶습니다.

내 사색의 공간 자작나무길

●   하늘은 맑고 바람이 부는 선선한 날. 기숙사 식당에서 밥을 먹고 배가 부를 때면 산책 삼아 천천히 걷고 싶은 날이 있다. 가장 선호하는 코스는 바로 906동 앞 '자작나무길'이다. 왜 자작나무길이냐고? 사실 이것은 기숙사에서 정한 공식적인 이름은 아니다. 이곳 신축 대학원 기숙사로 옮겨오면서 이 길을 처음 발견했을 때 내 맘대로 지어본 이름이다.

이 길은 이상하게도 구불구불하다. 아니 지그재그로 야트막한 언덕을 올라가게 되어 있다. 동쪽으로 갔다가 다시 서쪽으로 갔다가 다시 180도 꺾어서 동쪽으로 가기를 반복하여 일곱 번쯤 반복해야 운동장으로 통하는 대로가 나온다. 몇몇 사람들이 일직선으로 계단을 만들지 왜 이렇게 불편하게 만들었을까 말하는 것을 듣기도 했었다. 아마 휠체어를 탄 장애인들이 오를 수 있도록 이런 구조의 길을 만든 건 아니었을까 짐작해본다.

나는 이 길이 좋다. 특히 저녁을 먹고 살랑살랑 선선한 바람이 부는 날이면 아무리 과제가 많아서 컴퓨터 앞으로 달려가야 할지라도 꼭 이 길을 천천히 걸어본다. 왠지 돌아 돌아 올라간다는 것이 마음이 편하다. 지그재그로 조금씩밖에 전진하지 못할지라도 그것이 오히려 마음에 위안이 된다. 그동안 너무 앞뒤 재지 않고 빨리, 헐떡이며 달려온 것 같아 이렇게 천천히 걷는 게 좋은지도 모른다.

그리고 자작나무. 처음엔 그렇게 눈에 띄지도 않더니 시간이 지날수록 더욱 내 마음에 들어온 존재들이 바로 이 길가에 늘어선 자작나무들이다. 어찌나 키가 큰지 모른다. 네이버 검색을 해보니 이렇게 나온다.

"깊은 산 양지쪽에서 자란다. 높이 20m에 달하고 나무껍질은 흰색이며… 나무껍질이 아름다워 정원수로 심는다. 목재는 가구를 만드는 데 쓰며, 한방에서는 이뇨·진통·해열에 쓴다. 팔만대장경도 이 나무로 만들어졌다."

오오, 정말 이 정도면 훌륭한 미덕을 갖춘 나무가 아닐까. 신축 기숙사가 지어지면서 옮겨 심은 지 얼마 되지 않아 줄기가 굵지는 않지만 키는 제법 크다. 이 자작나무 길을 천천히 걸을 때면 키 큰 병

정들에게 호위를 받는 느낌이기도 하고, 아주 성긴 병풍 속을 걷는 듯한 느낌도 든다. 이 나무의 흰 피부는 묘한 신비감조차 느끼게 한다. 아주 나이는 많지만 얼굴은 어린 아이와 같은 사람이 있다면 이런 겉모습을 갖지 않았을까.

막 옮겨 심은 자작나무들이 겨울 내내 앙상했을 때는 사실 연민의 감정이 앞섰던 것이 사실이다. 하지만 여름철이 돌아오자 줄기에 힘이 돌고 푸른 잎사귀들이 기운차게 솟아나왔다. 작은 바람에도 딸랑거리는 그 모습이 내게 형용할 수 없는 소박한 즐거움을 주었다.

상상해본다. 이 자작나무들이 내가 이 학교를 졸업하고 기숙사를 떠난 후 아주 먼 훗날 20년, 50년이 지난 후에 더욱 무성해지고 허리가 굵어지기를, 그리하여 이 길 위에 깊고 아늑한 그늘을 드리우게 되는 날들이 오기를…. 그러면 돌아와 이 길을 다시 한 번 천천히 걸어보고 싶다. 그리고 나무에게 다가가 말하고 싶다.

오랫동안 너를 그리워 했노라고.

별빛 쏟아지는 마구간에서의 낭만

대학에 들어오면 선배들에게 자주 듣는 말이 있다. 바로 학점, 동아리, 연애 이 셋 중의 하나만 제대로 경험해도 대학생활 성공이라는 말이다.

청운의 꿈을 안고 대학에 입학하면 과연 듣던 대로 대학은 동아리들의 천국이 아닌가 싶게, 학교 여기저기에 신입생을 모집하는 포스터들이 붙어 있는 것을 볼 수 있다. 만화 동아리, 천문 동아리, 봉사활동 동아리 등등 이름도 가지각색이다. 게다가 각 단과대마다 밴드부들이 있어서 '드럼 1명, 키보드 1명 모집'이라는 포스터도 많이 보게 된다.

그러던 중 내 눈에 띄었던 동아리는 바로 '마왕'. 이때 '마왕'은

'대마왕'의 그 마왕이 아니다. 바로 '말을 사랑하고 말 타기를 즐기는 사람들의 모임' 즉 승마 동아리이다. 이름도 다소 촌스러운 그 동아리에 가입하게 된 특별한 이유는 없었다. 다만 몇 개의 동아리를 기웃거리다 결국 마음이 맞는 좋은 사람들과 어울리게 되었고 자연히 잦은 출입 횟수로 인해 정착하게 된 곳이 바로 '마왕'이었다.

동아리에서는 매주 1~2회, 학교 캠퍼스라는 공간에서 벗어나 신촌역에서 기차를 타고 파주까지 말을 타러 갔다. 이렇게 가다 보면 같이 가는 친구들과도 친해지고, 빡빡한 학교 커리큘럼 일정에서 느낄 수 없었던 신선한 휴식을 만끽할 수 있다. 가기 전 샌드위치와 달걀, 콜라를 사먹으면서 수다를 떨다 보면 마장에 금방 도착하게 된다.

말을 탄다고 해서 안장을 얹고 그저 훌쩍 올라타면 되는 것이 아니다. 말과 사람의 안전을 위해 세심하게 장비를 착용해야만 한다. 모든 준비를 마치면 한 시간 가량 말을 타는데 그 시간이 어찌나 빨리 지나가는지 말과 더 있고 싶다는 생각이 떠나지 않았었다.

말은 자동차나 자전거처럼 그냥 탈 것이 아니다. 말은 아주 세심한 존재이고 나의 느낌과 생각을 알아차리기라도 하는 듯 반응한다. 그것은 인격을 가진 생명과 대화를 하는 느낌이다. 무엇보다 나는 말을 탈 때 말이 호흡하는 소리와 내 숨소리를 동시에 느끼는 게 좋았다. 말과 내가 완벽한 일체를 이룰 때의 묘한 기분이란 경험해보지 않은 사람은 알 수 없을 것이다.

말과 함께 한참을 달리다보면 그 위에 있는 사람도 숨이 가빠지고 말이 훅훅 내지르는 소리와 함께 말 등으로는 말의 뜨거운 체온이 느껴진다. 그야말로 사람과 말이 일심동체가 되는 순간인 것이다. 그럴 때면 그동안에 있었던 걱정과 근심이 날아가는 느낌이다. 말에서 내려 내가 탔던 말을 씻겨주는 것은 또 하나의 기쁨이다. 고마운 마음으로 말에게 당근도 주고, 사장님과 거기 오신 회원 분들이랑 이야기 좀 하다 보면 해가 금방 저문다. 또 우리 마장에는 연예인들이 사극 드라마나 영화 촬영 연습 차, 방문을 많이 해서 그들을 보는 모습도 쏠쏠했다.

잊을 수 없는 특별한 기억이 있다. 하루는 밤늦게 과방에서 공부를 하고 있는데, 수의예과 다니는 형이 마장에 놀러 가자고 했다. '내일 수업 있는데….' 하고 망설이다 형이 차가 있으니 데려다 주겠지 생각하고 후배 승욱이에게 연락해서 같이 구리에 위치한 마장에 갔다.

수의 검역관으로 일하던 형이 선물을 받았다며 와규를 꺼내 든다. '이게 웬 횡재냐?' 안 그래도 출출하던 차였는데, 마구간 옆에서 장작을 펴고, 큼지막한 와규를 꼬챙이에 찔러 교관님도 모시고 먹었다. 배도 부르고 기분이 좋다.

마구간에서 말을 데리고 나와 대마장 주위를 몇 바퀴 돌았다. 달도 밝고 별도 총총, 말을 타고 달리니 얼굴을 스치는 바람에 기분이 상쾌하다. 교관님은 밤이 깊어져 잠자리에 드셨다. 이때 형의 은밀한 제안.

"우리 독일산 웜블러드 한번 타볼래?"

우리가 타는 보통 말은 '더러브렛'이라는 승용마로 마장에서 소유하고 있는 말이 대부분이 이 종이지만, 웜블러드 같은 경우에는 말의 가격도 어마어마하거니와 혈통이 우수하고 주인이 있는 말이다. 그래서 평소 같으면 선수들이나 부자 아저씨가 아니면 타보기 힘든 말이다. 솔깃하면서도 걱정이 됐다.

"형, 들키면 어떡해요?"

"타고 나서 잘 씻기고 빗질 잘해주면 모를 거야."

"와, 웜블러드다!"

조심스레 말을 마방에서 꺼낸다. '와치스팟'이란 이름의 이 말은 유럽에서 각종 권위 있는 경기를 휩쓸며 유명세를 떨치던 애란다. 잘생겼다.

소리 안 나게, 조심조심.

더러브렛은 한 번에 가볍게 올라가지는데 얘는 너무 커서 한 번에 올라갈 수도 없다. 동료들의 도움으로 안장 위에 앉았다. 허벅지 사이로 전해오는 두툼한 느낌. 허리를 바르게 펴고 부조 신호를 넣는다.

더러브렛이 '톡톡'하며 달리는 느낌이라면 윔블러드는 '츄욱 츄욱' 하고 땅에 달라붙는 느낌이다. 무게감이며 승용감이 확연히 다르다. 판타스틱한 윔블러드를 타고 처음으로 장애물도 뛰어넘었다, 한참을 시간가는 줄 모르고 마장을 달렸다.

벌써 해가 밝아온다. 서둘러 안장을 벗기고 빗질을 하고 씻겼다. 애한테는 밤에 잠도 못 자게 해서 너무 미안하지만 어쨌든 감쪽같다. 완전 범죄겠지 생각하고 다음날 수업을 마치고 집에 와서 쉬고 있는데, 형에게서 전화가 왔다.

"야, 교관님이 너랑 승욱이 다 데리고 오래, 와치스팟이 발을 전단다. 주인이 완전 열 받았대."

지금은 웃으며 이야기 하곤 하지만 그때는 정말 쥐구멍에라도 숨고 싶었었다. 밤새도록 많이 타서 미안하기는 했지만 말도 싫으면 싫다는 내색을 분명하게 한다. 그날은 힘든 내색 한번 안 했었는데… 쩝.

발을 절 정도로 우리가 혹사 시켰으니 '와치스팟'에게는 미안하지만, 배 불룩하게 먹었던 와규, 밝은 달빛 아래 별들이 쏟아졌던 마장, 그 위를 윔블러드를 타고 맘껏 달렸던 가을날의 추억은 잊을 수가 없다.

공용공간 습격사건

 ●   학부생이 거주할 수 있는 기숙사는 921~6동 구관, 919동 아파트형 기숙사, 906동 신축 기숙사가 있다. 그중에서도 919동은 A~D동까지 총 4개 동으로 A, B는 여학생, C, D는 남학생이 거주하고 있다. 아파트형 기숙사라고 했지만, 사실은 그냥 보통의 아파트와 똑같다. 라인마다 엘리베이터가 있고, 한 층에는 두 개의 호실이 있으며, 그 호실마다 거실과 화장실, 베란다와 세 개의 방이 딸려 있다. 그 방마다 두 명이 거주하니까 한 호실에는 총 여섯 사람이 사는 격이다.

화장실과 거실은 공용공간이지만, 한 층 사람들이 화장실과 세면실을 나눠 써야 하는 구관과는 달리 여섯 명만 공유하면 된다. 베란다에는 세탁기도 있고, 거실 한 켠 커다란 냉장고도 마음에 든다.

919동으로 옮겨온 지 어언 한 달이 지났다. 새 환경에도 어느 정도 적응한 것 같고, 이제는 다섯 명의 하우스메이트들과 나누는 인사도 그렇게 어색하지는 않다. 사실, 본격적으로 자기소개를 한 것도 아닌 상태에서 화장실이나 거실에서 낯선 사람들과 인사를 나눈다는 건 엄청나게 부담스러웠다. 그도 그럴 것이, 내 방문을 열고 나서는데 처음 보는 사람이 서 있으면 '외부인인가?'라는 생각이 드는 것은 당연하기 때문이다.

어쨌거나 오늘도 상쾌한 아침을 맞이하게 되어 다행이라 생각하며 기지개를 폈다. 그러나 거실에 나간 순간, 뭔가 좋지 않은 냄새가 나는 듯했다. 건조대에서는 제대로 마르지 않은 빨래 냄새가 진동했고, 꽉 찬 쓰레기통에서는 상한 우유 냄새가 희미하게 풍겨왔다. 냉장고를 열어보니, 형체를 알 수 없는 것들이 있다. 저 모양은, 심하게 줄어들었지만, 사과인 듯.

베란다에 이리저리 쌓인 박스들을 피해 창문을 열었다. 몸을 돌리니 책상 위의 뽀얀 먼지, 소파 위에 놓여진 누구 것인지 알 수 없는 줄넘기, 온갖 신발들이 널브러진 현관이 눈에 들어왔다. 갑자기 현실감이 돌아온 나는 화장실 문을 열었다. 이건 말할 것도 없다. 흰 세면대 개수구에 낀 시커먼 머리카락들은 멀리서도 선명하게 보였고 바닥도 온통 마른 머리카락 천지다. 거울에는 희뿌옇게 때가 끼어있고 세면대 옆 선반에는 비눗갑, 샴푸통, 세안제, 바디샴푸, 로션. 온갖 크고 작은 플라스틱 통들이 질서 없이 놓여 있다.

순간 뭔가로 머리를 맞은 것 같은 느낌이 들었다. 이런 심각한 상황을 왜 어제 저녁까지 깨닫지 못했는지, 이런 환경에서 어떻게 살아왔는지 이해가 가질 않았다. 그제야 현관 옆에 붙어있던 흰 화이트보드의 용도를 알 수 있었다. 이전 방 사람들이 남긴 흔적을 깨끗이 지운 후, 마카로 꾹꾹 눌러썼다.

"모입시다. 괜찮은 시간대를 적어주세요."

그리고 다음 날 밤 9시. 여섯 명이 거실에 모였다. 그리 좋아하지는 않지만, 모임을 제안한 게 나였으므로 간단하게 사회를 보기로 했다. 우선 자기소개부터 하는 편이 원만한 분위기를 유지하는 데 도움이 될 것 같아서 그러기로 했다. 어쩌다 보니 우리 방은 나와 룸메이트, 그리고 맞은편 방의 한 사람이 3학년으로 최고 연장자였고, 나머지는 맞은편 방에 거주하는 2학년 한 명과 왠지 약간 소심해 보이는 1학년 신입생 두 명으로 다양하게 구성되어 있었다. 그나마 사람들이 좋아 보여서 다행이라는 생각이 들었다. 사이가 좋지 않은 방은 1년 내내 한 마디도 나눈 적이 없다거나, 서로 심하게 싸워서 급기야 한 사람이 중간에 나가는 경우도 있다는 이야기를 들었기 때문이다.

"에… 다름이 아니라. 처음으로 인사도 나누고 공용공간 문제에 관해서도 의논할 게 있어 이렇게 모이자고 제안하게 되었습니다. 그게 공용공간이 습격을 당한 것 같아서요."

순간 주변에 정적이 감돈다. 너무 돌려 말했는지, 내 비유가 좀 이상했던 건지 싶어 맞은편에 앉아있는 룸메이트에게 조용히 시선을 돌리는데, 순간 '풋' 하는 소리와 함께 사람들이 피식피식 웃기 시작했다. 사실 본인들이 생각해도 좀 심각한 상태였으리라.

그날, 우리는 훨씬 화기애애한 분위기에서 대청소를 시작했다. 매점에서 공수해온 솔과 고무장갑, 청소용 세제, 조교실에서 빌려온 청소기와 누군가의 방에서 나온 오래된 수건을 너도나도 할 것 없이 하나씩 집어 들었다. 나와 룸메이트가 고무장갑을 끼고 화장실에서 머리카락을 치우고 물청소를 하는 동안, 맞은편의 두 사람은 냉장고 안에 있는 물건들을 깔끔하게 밖으로 꺼내고 안을 닦기 시작했다. 남은 두 사람은 청소기를 돌리고 물걸레로 바닥을 훔치는 등 나름대로 일은 신속하게 처리되었다. 그리고 두 시간 뒤, 밤은 깊었지만 반짝반짝 윤이 나는 거실에서 우리는 날짜별 당번표를 만들어 붙였다.

한참 뒤에 기숙사에 살고 있던 친구들과 얘기하다 알게 된 일이지만, 우리의 이른 대응은 지극히 적절했다. 위생이랄까 청결은 개개인의 성향에 달린 것으로, 서울대생이라고 해서 더 나을 것도 없다.

우리처럼 잘 해나가는 호실도 있지만 반 년 동안 거실에 쓰레기를 쌓아놓아 발 디딜 데가 없는 호실도, 룸메이트가 방치해 둔 음식 쓰레기에 벌레가 몰려들어 벌레 소굴이 된 호실도 있는 것이다. 제일 끔찍한 건 화장실 변기가 막혔는데 아무도 치우지 않아 모두가 일주일 정도 외부의 공용 화장실을 이용했다던 이야기였다.

아무쪼록, 열심히 노력하면 좋은 결과가 있겠지만 공동체 생활의 길은 멀고도 험하다.

깊밤에 차징

오늘도 어김없이 밤 11시에 연구실 문을 닫고 나와 캠퍼스를 터벅터벅 걸어가는데, 학교를 뛰는 사람들이 한두 명씩 보인다. '운동이라 여유롭구면.' 남의 일이라 생각하며 계속 걸어가는데 커플로 보이는 한 쌍의 친구들이 내 옆을 지나간다. 둘 다 건강미 넘쳐 보인다. 내 시선은 자연스레 두둑한 내 배로 향했다. '흠 이건 선택의 문제가 아니잖아.'

연구실에 들어온 이후로 너무 앉아만 있었더니 몸매가 다 망가졌다. 그래도 학부 시절 때는 매일 같이 수영하고, 자전거를 타고 등교를 했기에 몸매 하나는 자신 있었는데, 지금 내 모습은 정말 창피하다. 제일 손쉽고 효과 좋은 운동이 뭐가 있을까 고민했지만 역시 스포츠의 꽃은 육상이 아닌가. 결국 달리기를 하기로 결심했다.

혼자 뛰기에는 심심해서 대학원 친구들을 모집했다. 세 명이 같이 뛰기로 했는데, 내 제안에 얼른 오케이 하는 것을 보니, 다들 나와 같은 심각성을 느낀 모양이다.

우리는 평일 밤 11시, 기숙사 삼거리에 모여서 캠퍼스 전체를 한 바퀴 돌고 헤어지는 것으로 계획을 세웠다. 빠지면 벌금도 내기로 했다. 연구실에서는 평소보다 한 시간 일찍 나와 뛰는 것을 준비하기로 했다. 사실 이런 달리기 모임이 '얼마나 가겠어?' 하는 의구심도 있었다. 하지만 이 모임은 정말 오래 갔다. 심지어 지금도 이어지고 있다. 혼자 하면 금방 지쳐서 그만 뒀겠지만 함께 뛰는 동료가 있으니 안 빠지고 계속하게 되었다.

각종 오르막과 내리막이 공존하는 5km 가량의 학교 캠퍼스를 매일 같이 뛰니 몸에도 직접적인 변화가 일어나기 시작했다. 허벅지와 종아리는 말의 그것처럼 탄력이 넘치고, 두툼했던 배는 언제 그랬냐는 듯 자취를 감추기 시작했으며, 그 자리를 대신해 초콜릿이 스멀스멀 형성되고 있었다.

몸의 변화뿐만이 아니었다. 같이 뛰는 동안 매일 같이 학업으로 인한 스트레스, 이성 친구 문제, 진로에 대한 문제 등의 고민을 함께 나누다 보니 우리 네 명은 서로에게 누구보다 절친한 벗이 될 수 있었다. 지방에서 학회가 있거나 부득이하게 빠져야 할 상황이 아니면

폭우가 쏟아져도 계속 뛰었다. 공기 좋은 관악산 캠퍼스의 야경을 즐길 수 있고, 달빛을 맞으며 학교 곳곳을 누비는 달리기의 맛은 정말 달콤하다. 그 해 우리는 나이키에서 주최하는 마라톤 대회에 출전해 우리의 꾸준한 습관에 대한 성취의 기쁨을 함께 누렸다. 건강이 나빠진 것 같아 걱정스럽다면, 날씬하고 매력적인 몸매를 만들기 위해 고민하고 있다면 주저하지 말고, 서울대학교 캠퍼스로 와서 그냥 뛰어라. *Just run!*

▶ 우리의 달밤 낭만 조깅 코스 소개

총 4개의 코스

C1 코스 : 기숙사 삼거리 출발 → 셔틀버스 역 방향으로 돌기 → 기숙사 삼거리 도착 (난이도 중, 평균 40분 소요)

C2 코스 : 기숙사 삼거리 출발 → 미대 통과 → 걷고 싶은 거리 통과 → 중앙도서관 위쪽 공대 → 공대 신양에서 터닝 (난이도 하, 평균 30분 소요)

C3 코스 : 기숙사 삼거리 출발 → 셔틀버스 방향으로 돌기 → 대운동장 지나기 → 농생대 → 셔틀버스 정류장에서 왼쪽으로 턴 → 기숙사 삼거리 도착 (난이도 중, 평균 40분 소요)

C4 코스 : 기숙사 삼거리 출발 → 셔틀버스 정 방향 (난이도 상, 평균 40~50분 소요)

주의 : C4 코스는 구토가 나올 수도 있습니다.

게임의 유혹

"틱틱, 딸각 딸각, 푸슉, 콰앙"

들릴락 말락 알 수 없는 멜로디 소리까지 더해진 이 소리는, 내 뒤에서 컴퓨터 앞을 뚫어져라 보며 게임을 하고 있는 룸메이트가 내고 있는 소리다. 내가 게임을 좋아하는 편이 아니라서 룸메이트가 게임하는 것을 볼 때마다 나이가 몇인데 아직까지 저렇게 게임을 잡고 있나 생각했었다. 차라리 저 시간에 친구들 만나서 논다거나, 운동을 하는 것이 이로울 텐데….

동그란 안경 사이로 항상 졸린 듯한 눈이 매력적이었던 내 룸메이트. 항상 머리는 떡이 져 있었고, 다크서클이 심하게 드리워져 걱정스러웠던 그 친구는 그렇게 매일 게임을 즐겼다. 학교 갔다 오면 밥 먹고 컴퓨터 전원부터 켰다. 상황이 이러하니 나는 방에 있는 게 싫었다. 밖에서 공부를 하거나, 친구들을 만나고 기숙사 방에는 잠만 자기 위해 왔다.

그러던 어느 날 낮에 박카스를 과다하게 복용한 탓인지 쉽사리 잠이 오질 않았다. 눈은 감고 있는데 정신은 아주 말똥말똥, 룸메이트의 키보드 소리가 더 선명하게 들리기 시작했다. 나를 배려한다고 불까지 다 끄고, 키보드 소음 방지 패드, 소리 확산 방지용 이어폰도 새로 구입해 게임을 즐기는 착한 룸메이트에게 게임 그만하라고 말할 수도 없는 일이고, 혼자 이리 뒤척 저리 뒤척 하다 결국은 함께 하기로 했다.

룸메이트는 평소 'WOW', '디아블로', '스타크래프트' 등의 다양한 게임을 즐겼었는데 그날 하고 있는 게임은 '삼국지10'이라는 다소 오래된 전략 시뮬레이션이었다. 동참 의사를 보이자 룸메이트는 든든한 동지를 얻은 것처럼 기뻐하며 게임을 전수해주고 직접 인스톨까지 시켜줬다. 관심을 가지고 보면 세상이 다르게 보인다고 했던가, 처음엔 의미 없는 몸부림에 지나지 않았던 내 룸메이트의 몸짓이 이제는 신선한 충격으로 다가왔다. 그렇게 나는 다양한 캐릭터를 가지고 여러 번 천하통일을 해내며 그 해 여름 방학을 보냈다.

기숙사는 게임하기에 참 좋은 공간이다. 다른 곳에서는 게임할 맛이 안 나다가도 아늑하고 따뜻한 기숙사 방에 오기만 하면 새로운 세상이 열린다. 시간은 쏜살같이 흘러갔고, 문득 정신을 차렸을 때 남은 것은 B와 C로 얼룩진 계절학기 성적표와 늘어난 뱃살, 초췌해진 얼굴, 가늘어진 두 다리였다. 영웅호걸들과 함께 중원을 누비는 내 모습이 본 모습인지, 책을 들고 캠퍼스를 거니는 내 모습이 본 모습인지 분간이 안 될 정도였다.

후회막심이었다. 룸메이트는 다음 학기에 휴학을 했다. 다시 제자리로 돌아오는 데 제법 많은 시간이 걸린 것 같다. 과유불급이라고 했다. 뭐든 적당하게 하면 활력이 되지만 지나치게 되니 몸과 마음이 상하더라. 기숙사 생활하며 크게 한번 깨달은 점이다.

음악 속에서 자유를 찾다

　서울대 기숙사에는 시각 장애를 가진 학생도 있고, 휠체어를 타는 학생도 함께 살고 있다. 식사시간 무렵에 기숙사 식당에 가보면 휠체어를 탄 학생이 친구들과 어울려 이야기꽃을 피우는 모습도 종종 보게 된다.

　시각 장애를 가진 학부 2학년생 한 학생이 기숙사에 살고 있었다. 한번은 식당 문을 나섰는데 지팡이를 두드리며 계단을 오르는 이 친구를 만나게 돼 팔짱을 끼고 방 앞까지 동행한 적도 있다.

　학부 2학년이면 이제 21살쯤 됐을 것이다. 21살 남자를 청년이라고 해야 할지 아니면 소년이라고 해야 할지 아직 나는 난감하다. 왜냐하면 그 나이 또래가 가진 싱그러움과 젊음을 그 단어들이 잘 표현해주지 못하기 때문이다.

서울대 기숙사 안의 유일한 맥주집 아고리움이 있는 건물 지하에는 연습실이 있었다. 피아노가 덩그러니 놓여있는 공간이었다. 비록 눅눅한 지하일망정 실내에서 마음껏 악기를 연습하거나 피아노를 칠 수 있는 공간은 기숙사에서 그곳이 유일했다. 그래서 그런지 오후에는 그 장소를 이용하려고 하는 사생들이 많았다.

어느 날 새벽 나는 잠이 깼다. 아침잠도 많은 내가, 하필 그날 왜 깼는지는 잘 기억이 나지 않는다. 아마 배가 고팠다거나, 밀린 리포트를 마저 완성을 해야 했다거나 하는 이유가 가장 그럴듯할 것 같다. 시간이 새벽 5시 반쯤이었으니까.

잠시 책상에 앉아 있다가 답답증이 몰려와서 잠시 산책도 할 겸 새벽공기를 가르며 기숙사 현관문을 나섰다. 새벽공기 속에는 밤이슬의 촉촉함이 남아 있었다. 그리고 날이 밝아오기 전의 그 푸르스름한 캄캄함이 관악산 전체를 뒤덮고 있었다. 남자기숙사가 모인 곳을 거쳐 아고리움 앞을 지나칠 때였다.

어디선가 '딱딱, 딱딱' 하는 소리가 들려왔다. 멀리서 사람의 형체가 다가오고 있었다. 그리고 손에 들린 하얀 지팡이가 밤이슬에 젖은 아스팔트를 두드리고 있었다. 내가 방 앞까지 데려다 준 적이 있는, 시각 장애로 앞을 볼 수 없는 바로 그 학생이었다.

문득 이 새벽에 무슨 일일까. 어쩌면 이 학생도 나처럼 새벽에 일어나 산책을 하고 있는 것일지도 모른다. 나는 기숙사에서 버스정류장으로 뻗은 가로수길을 통과했고 그 학생도 푸르스름한 새벽으로 실루엣을 보이며 사라져갔다.

조금 걷다보니 으슬으슬 한기가 느껴져서 기숙사로 돌아오는 길에 아고리움 앞을 다시 지나치고 있는데 희미하게 피아노 소리가 들려오고 있었다. 이 새벽에 무슨 소리일까. 호기심이 동해 건물 안으로 들어가 지하로 내려갔다. 피아노 연주는 보다 크게 들려왔다. 빠끔히 문을 열어보니 놀랍게도 앞이 보이지 않는 그 학생이 앉아서 피아노를 치고 있었다. 지팡이는 한편에 놓여 있고, 손가락은 건반을 두드리고 있었다.

'그래, 음악이란 보이지 않아도 된다.'

오히려 음악이란 보지 않고 느끼는 것이 아니던가. 그 학생의 생각과 느낌을 펼쳐나가는 데 있어서 피아노는 마치 공책과 같은 것일지도 모르는 일이었다. 비록 눈으로 보면서 글씨를 써나가거나 원하는 곳으로 갈 수는 없지만 소리로는 눈이 주는 불편함을 모두 뛰어넘을 수 있을 것이다.

그때 깨달았다. 그 학생에게 피아노는 자유를 의미한다는 걸. 그리고 우리들 모두에게는 이러한 자유가 필요하다는 걸.

냉장고 도난

"남의 케이크 몰래 잡수시니 좋으세요? 제가 지옥 끝까지 쫓아가겠습니다."

다소 섬뜩한 글이 냉장고에 떡 하니 붙어있다. 누군가 냉장고에 넣어놓은 남의 케이크를 가져다 먹었나 보다. 마음이 씁쓸하면서도 또 얼마나 배가 고팠으면 남의 케이크를 다 가져다 먹었을까 하는 측은한 마음도 생긴다.

기숙사 921동부터 926동에는 사생들이 공동으로 사용할 수 있는 냉장고가 동마다 층은 다르지만 서너 개씩 있다. 냉장고 사이즈가 대형이긴 하지만 200명 남짓 되는 친구들이 세 개의 냉장고를 같이 사용해야 하니 그 공간이 퍽 여유롭지는 않다.

그 안에는 별의 별 것들이 다 들어가 있는데, 어머니가 보내주신 김치부터 해서, 시골 할머니께서 보내주신 과일, 먹다 남은 배달 치킨, 콜라, 오래되어 보이는 한약, 날짜 지난 우유, 베스킨라빈스 아이스크림, 초콜릿 등 그 내용물도 다양하다.

냉장고 옆에는 '반드시 자기 음식물은 빨리 처리를 하고, 장기간 보관해야 하는 것은 라벨에 동과 호수, 이름을 적어 보관해주세요'라는 동조교의 메시지가 붙어있다. 하지만 잘 지켜지지는 않는다.

불과 3개월 전의 일이 불쑥 생각난다. 여름이라고 기력이 떨어질 거라 걱정하시며 부모님께서 정성스레 홍삼 세 통을 보내주셨다. 룸메이트와도 나눠 먹어야지 생각하며, '차게 해서 먹으면 더 맛있게 먹을 수 있겠지?' 하는 생각으로 박스에서 두 통을 꺼내 냉장고 안에 넣어뒀다. 저녁 시간에 룸메이트를 만나 아까 냉장고에 뒀던 홍삼 생각이 나 "우리 같이 한 개씩 먹자" 하며 냉장고로 가서야 홍삼이 없어진 것을 발견했다. 단지 좀 차게 해서 먹고 싶다는 작은 욕심이 홍삼을 통째로 사라지게 하는 결과를 가져왔다.

룸메이트와 다른 냉장고도 몇 번이나 열어보며 잃어버린 홍삼을 찾으려 노력했다. 당시에는 허탈하기도 하고, 화도 많이 났지만 시간이 좀 지나고 나선, '그래, 부모님께서 다른 학우들을 위해 베푸셨다고 생각하면 되지' 하고 마음을 먹으니 심정이 좀 편해진 기억이 있다. 다 같이 고향 떠나와서 외롭게 타지 생활하며 사는 동료들 아닌가. 또 한편으로는 동료의 것을 말도 없이 먹다니, 기숙사 사생이 아니라 외부에서 온 친구들의 소행은 아닐까 하는 막연한 개똥추리를 하기도 했다.

이런 일이 항상 있는 것은 아니지만 그래도 빈도가 높다 보니 기숙사 차원에서 냉장고에 CCTV를 달아야 한다는 의견도 나오곤 했었다. 하지만 또 일각에서는 학내 공동생활을 하는 공간에 음식물 때문에 서로를 감시하는 CCTV를 달아야 한다는 문제가 달갑지도 않고, 문제를 CCTV에 의존해서 풀어야 될 것이 아니라 다른 해결책을 모색해야 한다는 자성의 목소리도 다수 있었다.

나도 후자의 의견에 공감한다. 기숙사에서 자주 등장하는 단골 문제인 냉장고 도난 사건. 배가 고프면 나눠 먹을 수는 있다. 그래도 그냥 막 가지고 가는 건 아니지 않을까? 만약 그때 내 홍삼 두 통 통째 들고 간 그 사생이 이 글을 보게 된다면 무슨 생각을 할까?

우렁각시 되어보기

● 　　오늘부터 운동을 하기로 마음먹었다. 최근 옆구리나 등 부분에 심상치 않은 징조가 나타났기 때문이다. 몸에 뭔가 붙어있다는 기분이 들 때가 있는데, 그 경고를 무시했다간 나중에 큰일이 난다는 걸 경험상 알고 있었다. 보통 가장 살이 쪘을 때라고 하면 다들 고등학교 3학년 때를 떠올리지만 대학에 와서도 조금만 마음을 먹으면 그때의 몸무게쯤은 가볍게 뛰어넘을 수도 있다. 참으로 무서운 일이다.

　개인적으로는 따로 돈을 들여 헬스장에 등록하기는 내키지 않아서 기숙사 축구장 트랙을 뛰기로 했다. 인조 잔디구장 위에서 적당한 속도로 달리며 맞는 10월의 밤바람은 약간 쌀쌀하긴 하지만 청량한 느낌이다. 주변을 둘러보니 나 외에도 몇 명이 더 트랙을 돌고 있다.

슬슬 시간이 꽤 지났다 싶어 들어가려는데, 아까부터 언덕 위에 있던 물체가 왠지 신경 쓰였다. 어두워서 잘 보이지 않는 덕에 애들이 놓고 간 물건 정도로 생각했는데 가까이 가 보니 사람이 잔디 위에 누워 있는 것이었다. 술에 많이 취했는지, 가방을 맨 채 대 자로 뻗어 자고 있다.

"저기요? 일어나세요. 저기요?"

"……."

인사불성. 이 정도면 흔들어 봤자 소용도 없다.

"미안합니다."

잠든 사람에게 고개를 숙여 보이고, 가방을 열어서 지갑을 확인했다. 오늘은 주말. 기숙사 신축 생활관에는 동조교도 있지만 평일에만 근무할 텐데. 낭패다. 그때 나와 마찬가지로 운동을 하고 있던, 민트색 반바지를 입은 사람이 다가왔다. 사정을 설명하니 그럼 통합 관제실에 가보잔다. 관제실로 가서 사정을 설명하니 계시던 보안팀 장님께서 흔쾌히 도와주셨다. 두 사람이 들쳐 업고, 한 사람은 문을 열며 방으로 향했다. 은근 이런 일이 많은지, 팀장님께선 별로 당황하시지도 않는다. 엘리베이터 안에서 얼마 전에 있었던 일까지 들려주셨다.

"얼마 전에는 한 남학생이 만취해서 쓰러져 자는 걸 조교가 데려왔는데, 신분증도 없어서 위생원 분들이 쉬는 방에 재우고 이불을 덮어줬거든요. 그런데 다음 날 아침에 가보니 바지만 덩그러니 남겨놓고 온데간데없는 거예요. 허허. 나중에 바지는 찾아갔으려나 모르겠네."

저절로 입이 벌어지며 헛웃음이 나왔다. 민트색 반바지 남자 분은 피식거리며 말을 받았다.

"술에 취하면 정말 정신이 없어지나봐요. 제 친구는 919동에 살았었는데 곤히 자고 있는 중에 누군가 자기 침대로 들어오기에 혼비백산에서 소리를 지르고 난리가 났었대요. 그 사람은 그 소동에도 태연히 코를 골며 자구요."

삐익, 방문이 열렸다. 이야기를 들으면서도 머릿속 한편으로는 남자치고는 꽤나 단정한 방이라고 생각했다. 끙차, 마지막 힘을 내서 방 안으로 들어선다.

"알고 보니 옆 라인에 사는 사람이 술에 취해 엘리베이터를 잘못 탄 거예요. 정신은 잠들어도 몸이 기억한다고 같은 층, 같은 방에 들어온 거죠. 때마침 그 방 하우스메이트 중에 누군가가 현관문 잠그는 걸 까먹었고요. 조교들도 여태까지 지내오면서 이런 적은 처음이라고 다들 당황하면서도 감탄을 했다고 그러대요. 대단한 귀소본능이죠?"

긴장도 풀렸겠다, 둘이서 어깨를 들썩이며 웃었더니 곤히 주무시던 '그 분'께서 움찔 하신다. 설마!!

"우웨에에엑."

그 자리에 있던 우리 둘, 그리고 뒤에 계시던 팀장님은 아무 말도 못하고 바닥에 떨어진 토사물들을 바라보았다. 1인실이라 그나마 다행일까. 그날, 잠깐의 선행을 베풀려던 우리는 곤히 주무시는 그 분을 옆에 두고 한 시간에 걸쳐 바닥 청소까지 하는 우렁각시가 되어 방을 나섰다. 이름이라도 써 놓고 나와야 하는 게 아니냐는 반 농담, 반 진담을 해가면서.

벌레, 벌레…

● 　　곤히 자고 있는데 뭔가 내 이마를 툭 친다. 가미가제 특공대. 오늘도 어김없이 풍뎅이가 내 이마에 부딪혀 전사했다. 예전의 나였으면 불을 켜고 주위를 살피느라 부산을 떨었겠지만, 이제는 덤덤하다.

　관악산에 안겨있는 서울대학교 기숙사, 후문을 통과해 기숙사 입구에 들어서기만 해도 서울의 탁한 공기와는 다른 풀 냄새와 새 소리를 들을 수 있어 정말 축복이라고 생각했었다. 봄에는 또 얼마나 다양한 꽃들이 저마다의 향과 빛깔을 뿜내는지, 921동부터 926동까지의 도로를 따라 걷다 보면 달콤한 라일락 향이 은은히 나는 것이 여기가 바로 무릉도원이구나라고 여러 번 감탄했었다.

하지만 양지가 있으면 음지가 있고, 아름다운 꽃에는 날카로운 가시가 있는 게 세상 이치 듯, 여름의 기숙사는 벌레들이 축제를 펼치는 메인 무대가 된다. 기숙사 현관은 밝은 불빛을 보고 달려드는 벌레들의 돌진으로 한바탕 홍역을 앓는다. 풍뎅이 특공대와 다채로운 종류의 모기 형제들, 형형색색의 나방과 여러 크기의 쉰발이까지, 이젠 중국 매미라는 녀석도 대거 출현해 축제의 향연에 합류했다.

기숙사 차원에서도 이에 대해 신경을 많이 쓰고 있는 것 같다. 벌레들의 돌진을 막기 위해 현관의 불을 잠시 꺼두기도 하고 살충제를 공동으로 사용할 수 있게 안내하고 지급도 해줬다. 방역도 여러 차례 실시했다. 하지만 효과는 잠시뿐, 워낙 무대 환경이 좋다 보니 녀석들의 침투가 끊이질 않는다. 남자 기숙사에서는 벽을 치는 소리가 간간히 들리고, 여자 기숙사에서는 외마디 짧은 비명을 자주 들을 수 있다.

하루는 룸메이트와 방에서 치킨을 시켜놓고 먹으며 같이 영화를 보는데 룸메이트 머리 위에 그림자가 드리워진 게 보였다. 그림자겠거니 했는데 그림자가 움직이는 것이다. 내가 흠칫 놀라 하는 것을 본 룸메이트도 그때서야 낌새를 알아 챈 듯 머리를 툭 터는데 쉰발이가 룸메이트 침대시트를 타고 놀란 듯 줄행랑을 치기 시작했다.

서로 어찌나 놀랬던지 "와악!" 외마디 비명을 질렀다. 평소에 그렇게도 조용하던 룸메이트는 최고조로 흥분해 "이 더러운 ××!!"

하며 신문지를 돌돌 말아 몇 번을 내리쳤다. 쉰발이는 이미 전사한 듯 보였지만 그래도 놀람과 흥분이 가시지 않는지 "이 더러운 × ×!!"를 반복하며 온 힘을 다해 몇 번을 더 내리쳤다. 그래도 화가 가시지 않는지, 한참을 상기된 얼굴을 하고 있었다. 그 광경을 옆에서 멍하니 지켜봤다.

계절학기 수업을 듣고 방에 돌아와서, 오늘은 벌레 사체가 없구나하고 안도의 숨을 쉬며 자리에 앉으면 어김없이 의자 옆에 벌레의 사체를 발견하고는 한숨을 쉬곤 했다. 비슷한 상황을 여러 번 겪다보니 이제는 내성이 생겨, 그런 것들에 무덤덤해졌다.

그래 이해한다. 너네도 이 맑고 깨끗한 기숙사가 좋아서 떠나기싫은가 보구나? 그들과 더불어 사는 것을 배웠다. 그래 까짓것 지구촌 친구들, 우리 같이 잘 지내보자.

space 599

●   '와, 신작이 들어왔구나!' 다음 스토리를 고대하며 기다리던 드라마 후속편이 나왔을 때의 기쁨, 혹은 대출 예약을 해놨던 책이 도착했다는 메시지를 받았을 때의 설렘 같은 마음이 솟구친다. 어김없이 책가방을 풀고 900동 지하2층으로 내려온다.

  우리 기숙사에는 멋진 공간들이 여럿 있지만 그중에서도 내가 제일 마음에 들어 하는 곳이 바로 기숙사 안 작은 갤러리 '스페이스 599'다. 학부생일 때는 주말이면 시간을 내서 인사동이나 강남, 홍대 등을 방문해 작가들의 미술 작업을 감상하곤 했었다. 그들의 기발한 아이디어나 생각들이 고스란히 담긴 작품을 대할 때면 내 사고도 나의 작은 틀 안에서 벗어나 자유롭게 날 수 있었고, 여러 작품들을 감상하고 온 날에는 뭔가 대단한 경험이라도 한 양 마음이 뿌듯해지곤 했다. 하지만 대학원에 진학한 이후로는 주말에도 여유로운 시간을 내기가 쉽지 않다. 그래서 취미 생활은 포기하고 살았는데, 내 방에서 30초 안에 있는 거리에 전시 공간이라니, 이 얼마나 근사한가?

편안한 옷을 입고 커피 한 잔을 마시며 여유롭게 작품을 감상한다. 시간에 구애 받지도 않는다. 새벽 2~3시에 공부하다가도 잠옷 바람으로 엘리베이터만 타고 내려가면 작품 감상을 할 수 있는 것이다. 마치 나만을 위한 갤러리를 가진 느낌이다.

약 2주에서 한 달간 작가들의 작품은 온전히 내 소유가 되고, 또 시간이 지나면 신작들로 채워진다. 이곳에서는 기본적인 회화 작품부터 미디어 작업, 개념 미술까지 각종 예술 작업들의 향연이 펼쳐진다. '어떻게 이런 생각을 했을까?', '여기서 이건 뭘 표현하고 싶었던 걸까?', '재미있다, 작업이 좋구만.' 혼자 이런 저런 생각을 하다 보면 공부에 지친 몸과 마음이 풀어지는 것 같았고 시간도 금세 지나가는 것을 느낄 수 있었다.

오늘 봤던 작품이라도 이틀 있다 다시 보면 그 느낌이 또 다르다. 작품 하나 하나를 대하고 있으면 마치 작가들과 이야기를 나누는 듯한 기분이 든다.

신작이 들어온 날에는 밤 11시가 넘은 늦은 시간에도 많은 학생들이 작품 주위를 서성이며 감상하는 모습을 볼 수 있다. 커플 잠옷을 입고 나타난 연인들이 두 손을 잡고 이리 저리 서성이는가 하면 꽤나 심각한 표정의 뿔테 안경을 쓴 학생이 수첩에 메모까지 해가며 진지하게 작품을 감상하기도 한다. 이런걸 보면 나만 이 공간을 특별하게 느끼는 것은 아닐 테다.

내가 졸업하고 나서도 이 공간은 계속 유지되겠지, 새로운 작가들이 이 공간의 여백을 그들의 상상력으로 계속해서 채워갈 것이고, 나처럼 많은 학생들이 감상을 하며 재미를 느끼고 마음의 위안을 얻을 것이다. 좋구나.

이곳에 전시되는 대부분의 작품들은 우리 학교 미술대학 친구들 작품인데, 그들의 작품을 본 나의 짧은 감상평 한 줄.

"대한민국 미술계의 미래는 밝다."

피카소나 데미안허스트 같은 세계적인 작가가 나올 날이 머지않았구나, 우리는 그 역사의 현장 속에 있다!

연애 만들기

여느 일상과 전혀 다를 게 없는 주말이었다. 그 애를 만나기 전까지는.

아침에 일어나 밥을 먹고, 커피 한 잔 하며, TV 동물 농장을 시청했다. 그러다 문득 밀린 빨래 생각이 나서, 슬리퍼를 신고 빨래바구니를 오른손에 들고 터덜터덜 세탁장으로 걸어갔다.

밀린 빨래를 세탁기 안에 밀어 넣고, 세제 넣는 칸을 빼서 세제를 넣으려고 하는데, 그만 세제를 안 들고 나온 것을 알았다. 다른 학우들이 늦잠을 즐기고 있을 시간이라 지금은 세탁기가 붐비지 않지만, 점심시간이 되면 늦잠에서 깬 학우들의 러시로 세탁기 사용을 하려면 많은 시간을 기다려야 한다. 그 시간이 임박해있었고, 또 밖의 찌는 듯한 더위에 세제를 가지러 다시 방으로 가야만 한다는 것이 너무 귀찮았다.

그런 생각을 하고 있는 내 시야에 빨간색 물체가 들어왔다. 팩으로 된 포장지 안이 훤히 들여다보이는 풍성한 양의 세제가 옆 세탁기 바구니에 떡 하니 놓여있는 것이다. 세탁물을 보니 여학생의 것으로 추정됐다. '방에 들어가서 다시 가져올까? 아니면 그냥 옆에 계신 이름 모를 그 분의 것을 살짝 쓸까?' 고민은 그리 길지 않았다. 겨우 세제 한 스푼 아닌가. 스스로 위안을 하며 옆 세탁바구니에 들어 있는 세제 팩을 들어서 내 세탁기에 털털 털어 넣고 동작 버튼을 눌, 려는 순간 나를 뒤에서 빤히 보고 있는 시선을 느꼈다.

세제 주인인가 보다. 한 손에는 그 애의 세제를 들고, 다른 한 손으로는 동작 버튼을 누르고 있는 내 모습, 그리고 그것을 지켜보고 있는 그 애, 이 순간의 민망함이란⋯. 난 당황하기 시작했고, 쭈뼛쭈뼛 머리를 긁적였다.

"제가 다음에 제 꺼 더 많이 드릴게요. 아니면 다시 빼서 넣을 수도 있어요."

누가 들어도 멍청하게 사과의 말을 건넸다. 처음에는 팔짱 끼고 멍하니 바라보고 있던 그 애가 나의 말에 웃기 시작했다.

"겨우 세젠데요 뭘. 나눠 쓰면 되죠, 더 쓰셔도 돼요."

장난스럽게 말하는 그 애의 반응. 이렇게 심성이 고울 수가.

"아, 감사합니다."

부끄럽고 설레는 마음을 숨기며 돌아서서 뛰어나오는데, 마음 한 구석에서 아쉬운 마음이 불쑥 올라온다. 여느 일상과 전혀 다를 것 없는 주말에 나에게 바람같이 찾아온 행운이 아닐까? 이대로 놓치고 싶지 않다는 생각이 나의 발걸음을 무겁게 했다.

방으로 향하던 길을 돌려 다시 세탁장으로 가니 다행히 아직 그 애가 있다. 난 정색을 하며 말했다.

"아, 잘 모르시겠지만 제가 원래 이렇게 남의 물건 막 쓰는 사람이 정말 아니거든요. 제가 이대로 그냥 가면 너무 미안하니까. 아이스크림이라도 하나 사드리고 싶은데요. 밖이 너무 더운데. 드시죠?"

괜찮다고 손사래 치며 웃는 그 애를 보고 있으니 오늘 따라 유독 햇살이 더 눈부신 것이 참 좋은 날 같다. 그렇게 그날 나는 아이스크림과 세제 작은 것 한 통을 사서 그 애에게 줬고, 그 애는 되레 미안해하며 내게 기숙사 식당에서 점심 식사를 샀다. 이렇게 우리의 아름다운 인연은 시작되었다.

추억 만들기

  ● 　　　기숙사 커플의 장점은 소소한 일상도 함께 할 수 있다는 것이다. 늦은 시각 힘들 때 전화하면 5분 만에 만날 수 있고, 배고플 때는 야식을 시켜 먹기도 한다. 함께 늦은 시각까지 공부를 할 수도 있고 둘이서 트랙을 돌거나 실내 체육관에서 배드민턴을 치는 등의 운동도 손쉽게 할 수 있다. 그리고 눈앞에서 식사를 하고 있는 그 사람을 바라본다. 주말이라 그런지 늦잠의 흔적이 아직 살짝 졸린 얼굴에도 정돈했지만 약간 부스스한 머리에도 남아있다.

"왜?"

"아니, 그냥."

"싱겁긴."

아마 지금 내 모습도 비슷하겠지. 처음에는 기숙사 식당에 나오는 주제에 얼굴도, 옷차림도 실컷 신경을 쓰고 나왔지만. 몇 달이 지나자 이제는 자연스러운 모습으로 돌아갔다. 오늘도 평소의 여느 주말처럼 오전 11시 반에 내선 전화벨을 알람 삼아 일어나서, 15분 뒤에 식당에서 만났다. 수화기를 통해 들려오는 '점심 먹자'라는 말에, 왠지 신혼 부부 같은 기분이 들어 기뻤다.

"오늘 점심 메뉴는 별로네."

"응. 조금 그런 것 같아."

"저녁은 나가서 먹어야 하나. 그렇지만 더워서 좀 귀찮다는 생각도 들고."

학교 내에서 가장 평이 좋다는 기숙사 식당이지만, 항상 만족할 수만은 없다. 게다가 그날 반찬들이 우연히 취향에 맞지 않는 조합으로 나오기라도 하면 쩨쩨할지도 모르겠지만 조금은 우울해진다. 만들어 먹기라도 해야지. 응? 갑자기 좋은 생각이 들었다.

"만들어 먹자!"

정확히 다섯 시간 뒤, 그 말을 꺼낸 스스로를 원망하며 냄비를 노려보고 있을 줄은 전혀 모른 채.

사실, 제대로 된 요리 경험이라곤 거의 없다. 고등학교 때까지야 가끔은 투정을 부려가며 나오는 대로 먹었고, 서울에 올라와 대학에 들어온 이후로 사먹기만 했으니 요리하는 걸 볼 기회도 없었다. 맛있는 걸 만들어 주겠다고 큰 소리를 친 나는 방에 돌아가 레시피를 찾아보고 재료도 사오는 등 의욕에 가득 차 일을 벌였지만, 정작 조리실에 들어서는 순간부터 세상에서 가장 무능한 인간이 되었다.

면, 계란, 베이컨, 생크림. 만들기로 한 까르보나라 스파게티의 재료가 눈앞에 흩어져 있었지만 정작 어떻게 이것들이 요리로 완성되는지 도무지 그림이 그려지지 않는다. 밝은 조명, 목재 느낌이 나는 아늑한 공간에 최신식 인덕션, 조리대가 갖추어진 조리실이다 보니 이건 뭐, 환경을 탓할 수도 없었다.

레시피에서 가장 싫은 말은 '적당히'였다. 물 300ml, 생크림 30g이라고 정확히 명시되어 있다고 해도 계량도구도 없는 상황에서 눈대중으로 해결할 수도 없어 결국 매점에서 사온 200ml 우유를 한입에 들이키고 남은 팩과 종이컵으로 적당히 해결했다.

이제 남은 시간은 30분. 한 자도 공부하지 않은 채 시험장에 앉아있다고 해도 이보다 답답할 수 있을까. 그나마 면하고 재료는 괜찮게 삶아진 것 같지만 제대로 하고 있는 건 맞는 건지 확신이 없었다.

"에휴, 그럴 줄 알았다니까."

온통 요리에만 집중하다 뒤에 사람이 온 줄도 몰랐던 나는 뒤를 황급히 돌아보았다. 아직 약속시간이 15분이나 남아있음에도 이럴 걸 예상했다는 듯이 그 애는 미리 와 있었다. 그럴싸한 걸 만들어 인정받겠다는 각오는 이미 사라진 지 오래고, 도와줄 사람이 있다는 사실에 그저 반가웠다. 이것 좀 넣어달라고 부탁하고, 이 정도면 괜찮은지 물어가며 만드는 요리는 아까처럼 힘들지 않았다. 그렇게 완성된 크림 스파게티는 왠지 괜찮아 보인다. 조리실 한편에 마련된, 테이블에 커다란 접시를 놓고 마주 앉는다.

"다음번에는 같이 하자. 아니면… 나가서 사 먹거나."

"그래도 맛있네. 고마워. 고생했겠다."

"그치?"

밝은 주황빛 조명도, 깨끗하게 닦여있는 테이블도, 그 사람의 미소도 반짝반짝 빛난다. 배도 마음도 기분 좋게 불렀다. 무엇보다 기쁜 건, 이렇게 많은 걸 가까운 공간에서 함께 할 수 있다는 것. 함께 놀고, 함께 공부하고, 함께 운동하고, 함께 만들고, 함께 먹고. 수많은 함께가 모여서 소중한 추억이 되겠지.

한여름밤의 세레나데가 흐르던 구관 기숙사

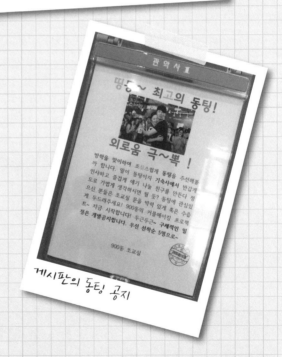

게시판의 동팅 공지

자작나무길

아직은 어린 자작나무들

기숙사 탁구장

Space 599

구관 기숙사 휴게실

구관 기숙사 공용 냉장고

920동 아고리움

신축 기숙사 세탁실

919동 아파트형 기숙사 조리실

919동 아파트형 기숙사

919동 체력단련실 1

919동 체력단련실2

중학생과 고등학생, 대학생 모두 학생이라면 학교에 가서 학문을 탐구(?)하기 위해 수업을 들어야 하고 일정 수업 시간을 이수해야 한다는 점은 동일하다. 그런 그들의 수업 형태를 구분 지을 수 있는 가장 큰 차이점이 무엇이냐고 물으신다면, 당연 대학생은 자신이 원하는 수업을 선택해서 들을 수 있다고 답할 수 있다. 중·고등학생처럼 배정된 반의 전체 시간표에 따라 한 학기의 커리큘럼이 진행되는 것이 아니라는 말이다. 물론 졸업을 하기 위해서 필수로 들어야 하는 과목이 있고 필수 교양 과목이라는 것도 존재한다. 하지만 교양과목 36학점 이상, 전공과목 39학점 이상, 총 이수 학점 130학점 이상을 듣는 중에 조정을 하면서 원하는 과목의 수업을 원하는 시간대에 들을 수 있다.

그럼 우리학교 학생들의 수업에 관한 규정을 한번 들여다보기로 하자.

1. 학점의 취득

학점은 교과목의 이수단위로 1학기 15시간 이상의 강의를 1학점으로 한다. 실험이나 실습, 실기와 체육은 1학기 30시간 이상의 강의를 1학점으로 한다. 단과대학마다 다르긴 하지만 1학기당 취득 가능한 학점은 17~18학점이 최대이고, 직전 두 개 학기 평점평균이 3.3이상일 경우에는 21학점까지 신청할 수 있다. 열심히 해서 성적을 잘 받으면 4학점까지 더 들을 수 있다. 이렇게 계속해서 더 듣게 되면 동기들보다 일찍 졸업을 할 수도 있다. 그렇다. 이런 경우 말로만 듣던 조기 졸업을 하게 되는 것이다. 그러나 그대 정말 수고스럽게 들어온 학교에서, 다시 이렇게 빡세게 공부해서 일찍 졸

업하고 싶은가? 선택은 개인의 몫이다.

2. 수강신청

　수강신청은 한 학기동안 수강하고 싶은 교과목을 정하여 신청하는 절차이다. 신청 기간은 신입생의 경우 2월 중에 공지가 나가게 되고, 재학생의 경우 1학기는 1월 말, 2학기는 7월 말에 신청하게 된다.

　sugang.snu.ac.kr에 들어가 수강편람에 의거해 수강하고자 하는 교과목을 신청기간에 신청한다. 인기강좌의 허용 인원수는 제한되어 있고, 그 강좌를 듣고 싶어하는 학우들은 엄청 많다. 그러다 보니 이 기간이 되면 한바탕 전쟁이 벌어진다. 수강신청을 시작하는 날이 되면 친구들은 분, 초까지 정확히 맞추고 숨 죽이며 기다린다. 수강신청이 시작되면 원하는 강좌의 강좌번호를 넣고 '저장'을 누른다.

　'저장 되었습니다'란 메시지엔 환호가 '서버 다운'이란 메시지엔 한숨만 있다. 컴퓨터 성능도 좋아야하고, 인터넷 속도도 빨라야 한다. 물론 운도 좋아야 한다. 우리 때는 수강 신청 기간 전날만 되면 최신 컴퓨터가 구비되어 있는 새로운 PC방에서 친구들과 수강 신청을 한답시고 밤을 새곤 했다.

3. 재수강

　중학교, 고등학교 때랑 또 다른 하나의 멋진 시스템인데, 한 번의 시험으로 결정되는 나의 성적, 이제는 바꿀 수 있다. 원한다면 몇 번이고 다시 들어 좋은 성적을 올릴 때까지 재수강을 할 수 있다. 하지만 몇 해 전부터 학점 올리기 과열 양상을 우려해 2006학년도 1학기부터 수강한 과목의 취득 성적이 C+이하인 과목에 한하여만 재수강을 허용하게 했다. 언뜻 보면 '이 번 학기에 꼭 좋은 점수를 받지 못하더라도 다음에 잘 하면 되겠네'라고 생 각할지 모르지만 이 재수강 역시 많은 노력과 시간이 든다. 개인적으로는 한 번 들었던 내용이라 수업에 대한 동기부여는 그만큼 떨어지는 편이었다.

4. 계절 수업

대학생들은 방학을 6월, 12월 중순부터 한다. 그래서 보통 두 달 반 정도 의 방학이 주어지는데, 이때도 원하면 집중적으로 수업을 들을 수가 있다. 정규학기처럼 모든 수업이 개설되는 것은 아니지만 일부 전공과 다수의 교 양과목들을 수강할 수가 있다. 신청 기간은 하계는 5월 중, 동계는 11월 중 이고, 신청 가능 학점은 하계는 9학점, 동계는 6학점이다. 원래 우리 학교 는 여름 계절학기만 있었는데 몇 해 전부터 학생들의 수요를 고려해 겨울 계절학기도 생겼다. 수강 신청 대상은 본교 학사과정 및 대학원과정 학생 뿐만 아니라 타교생도 가능하다.

자, 지금까지 서울대학교 수업에 대한 전반적인 탐구 생활이었고 이제는 필자들이 직접 수강해본 경험을 바탕으로 SNU 추천 인기강좌 & 이색강좌를 소개하고자 한다.

1. 서양의 미술과 문명

서양의 고대 이집트 미술부터 르네상스, 바로크, 현대 미술까지의 주요 작품들을 총망라해서 배울 수 있다. 대학생이 되면 유럽 배낭여행을 유행처럼 가게 되는데, 유럽 배낭여행 가기 전에 꼭 한번 듣고 가야 하는 필수 교양으로 정평이 나 있는 수업이다. 어두컴컴한 강의실 안에서 슬라이드 쇼로 작품을 보며 작품의 전체적인 명암, 구도배치, 색상뿐만 아니라 작품 안의 사물 하나 하나에 대한 분석적인 설명을 들을 수 있고, 시대별로 나타나는 작품의 경향과 작가의 삶에 대해서도 배울 수 있다. 교수님께서 굉장히 디테일한 부분들까지 설명을 해주시는데 이걸 모두 필기하고 암기해야 시험을 잘 볼 수 있다. 이 수업을 듣고 나서 소위 말해 미술에 대한 '미'도 몰랐던 내가 서양의 미술사에 대한 전반적인 지식을 쌓고 어디 가서 '어 이건 몇 년도 누구 작품이다' '여기서 이 사물이 의미하는 것은 이런 거래' 정도 말할 수 있게 해준 수업이다. 근사하지 아니한가?

2. 골프

평생 스포츠로 인기가 높아지고 있는 골프, 이제 당구장처럼 대중화가 많이 이루어져서 더 이상 새롭고 신기한 과목은 아니지만, 캠퍼스 생활을 하면서 만끽할 수 있는 골프 수업의 묘미는 색다르다. 수업 초에는 강의실에서 골프의 역사와 이론, 게임 규칙에 대한 수업을 진행하고, 2주가 지나면 체육관 옆의 간이 골프 연습장을 이용하여, 그립과 스탠스에서부터 스윙에 이르기까지 체계적으로 자세를 배울 수 있다. 이후에는 방배동에 있는 실제 골프연습장에서 스윙 연습을 하는데 매 수업마다 강사님께서 카메라로 자세를 촬영하며 자세 교정을 해주신다. 정규 학기 때 바쁜 캠퍼스 생활에서 벗어나 시내에서 골프를 배우며, 좋은 골프 스윙 자세를 배우고 싶다면, 덤으로 학점도 취득할 수 있길 원한다면 신청하라. 골프 수업! 한 학기가 즐겁다.

3. 소묘의 기초

미술 대학의 교양 수업이다. 최고 인기 강좌 중 하나이며 신청하기 가장 어려운 수업이다. 수강신청 하기가 하늘의 별 따기다. 이 수업에선 연필, 목탄, 콘테 등의 여러 소묘재료를 사용하여 소소한 정물화부터 시작해 최종적으로 인체의 누드까지 그리는 실습을 한다. 창의적인 미의식을 계발할 수 있는 것이다. 미술을 전공하지 않는 타 전공 학생에게는 누드화를 그린다는 것이 무척 생소하고 평소 접하기 어려운 활동이다. 이런 새로운 경험을 원하는 많은 학우들이 수업을 신청하고, 수강 가능 인원은 적기 때문에 수강신청 성공률이 극히 희박한 것이다. 누드화를 그리게 된 처음 시간이 생각난다. 모델을 바라보는데 가슴이 엄청 떨리더라. 두근두근. 심장이 터지는 줄 알았다. 하지만 시간이 지날수록 그 모델 또한 하나의 정물로 느껴

지더라. 움직이지 않는 물체. 신비로운 경험을 했다. 관찰력과 기록하는 능력, 미술에 대한 이해의 폭을 넓힐 수 있는 좋은 수업이었다.

4. 댄스스포츠

M본부에서 방영되는 〈무한도전〉을 통해 댄스스포츠 붐이 불었던 적이 있었다. 이 시기에 이 수업을 수강했는데, 인기가 대단했다. 15~20명의 인원이 체육관 태권도장에서 자이브, 차차차, 룸바, 탱고를 두루 배운다. 남·여 학우들이 짝을 지어 파트너를 바꿔가면서 연습을 하고 최종 평가할 때는 자신이랑 가장 잘 맞는다고 생각하는 학우와 최종 파트너를 정하고, 이중 두 종목을 택해(내가 수강할 때는 자이브, 차차차였다) 심사를 본다. 댄스스포츠 전문 슈즈도 사고 복장도 전문 댄서가 갖춰 입고 나오듯 준비해서 무대에 선다. 그렇게 파트너와 음악에 맞춰 춤을 추는 모습은 꽤 근사하다. 학교 다닐 때가 아니면 사회에 나가서 배우기에 다소 생소한 분야라 생각했다. 학업으로 지친 마음을 달랠 수 있는 좋은 활력소가 되는 수업이다.

5. 불교철학

재미없다고 느껴질 수 있는 이름의 강좌명이지만 이색적이고 재미있다. 단순히 불교 이론이나 역사에 대해서 배우는 것이 아니라 말 그대로 불교철학, 현대사회의 여러 문제를 불교철학적 관점에서 어떻게 논의할 수 있는지를 다룬다. 교수님과의 대화가 주를 이루는 수업이다. 아주 시시콜콜한 이야기에서부터 심오한 이야기까지 교수님과 대화를 주고받으며 그 속에서 해답을 찾아 나간다. 수업시간 내내 강의실에서 참선을 하기도 하고, 야외에서 참선이 이뤄지기도 한다. 몽촌토성에서 했던 참선이 아주 기억에 오래 동안 남는다. 이외에도 걸어 다니면서 참선하기, 축지법의 원리, 여섯 가지 신통력 등 이색적인 수업 구성 속에서 많은 것들을 생각하고 느낄 수 있게 해줬던 수업이었다.

6. 스키 & 보드 수업

서울대 최고 인기 교양 수업 중 하나이다. 매 가을 학기마다 접수를 받으며, 주로 보드팀은 1월에 스키팀은 2월에 3박4일~4박5일의 일정으로 용평리조트나, 휘닉스파크에서 수업을 진행하게 된다. 최고의 실력을 가진 강사진이 상 · 중 · 하로 나뉜 팀을 맡아 짧은 수업 기간 동안 스키 & 보드의 실력을 일취월장하게 만들어 준다. 수업 내용도 내용이지만 프로그램 구성이 정말 알차다. 많은 단과대 학생들이 동시에 출발해 설원을 누비며 오랜 시간을 함께 보내기 때문에 타과 친구들을 사귀기에도 정말 좋은 기회가 된다. 스키 수업의 백미 중의 백미는 밤마다 진행되는 방팅인데, 낭만적인 분위기와 다채로운 놀이들로 이성 친구를 사귈 수 있는 성공 확률이 매우 높다. 주의해야 할 점은 낮에는 스키 & 보드를 타고 밤에는 방팅을 하기 때문에 수업기간 내내 잠이 부족하다는 점이다. 졸음 스키 & 보드는 절대 금물이다. 평소 졸음을 못 참는 친구들은 다시 한 번 생각해보시길. 하지만 안 가면 정말 후회할걸.

　이 수업은 급변화하고 국제화되고 있는 세계 흐름 속에서 한국인으로서의 긍지와 자부심을 가지고, 학생들의 자기 자신에 대한 이해를 바탕으로 하여 자신의 미래를 적극적으로 설계하고 준비해 나갈 수 있도록 도와주는 수업이라고 수업 소개에 나온다. 실제로 수업을 듣다 보면 자신이 이 수업을 통해 국제사회의 리더로 성장할 수 있는 발판을 마련하고 있고, 다방면의 역량을 갖춘 인재가 되어 가고 있다는 느낌을 받게 해준다. 수업의 구성은 초청 강사 수업, 국가별 FTA 분담 토론, 호텔파티, 봉사활동, 기업탐방 등으로 이뤄져 있다. 매 수업 시간이 알차다. 초청 수업에서는 저명인사를 초청해 강연을 듣고 직접 질문을 할 수 있는 시간을 가질 수 있다. 이색적인 국가별 FTA 분담 토론은 수강하는 학생들끼리 서로 조를 구성하고 그 조가 특정 나라의 FTA 협상단이 되어 특정 이슈에 대해 다른 나라 조와 협상 테이블에서 전략적으로 협상을 진행해나가는 것이다. 물론 협상은 영어로 진행된다. 해당 조에 속하지 않은 다른 학생들은 청중이 되어 질의를 하고 협상 대표단은 그 질의에 대한 답을 한다. 실제 그 나라의 대표단이 된 것 같이 관련 이슈에 대해 철저히 준비해서 나와야 한다. 이색적인 경험이다. 또 하나는 두 번의 호텔 드레스 파티다. 여기서는 서양의 드레스 파티에서 갖추어야 할 예절을 배우고, 파티를 하며 여러 행사들을 동시에 진행하게 된다. 평소 학교에서 보던 학우들의 모습과는 다르다. 영화에서 나올법한 드레시한 친구들의 모습을 볼 수 있어 눈이 즐겁다. 8개의 베스트 드레서 상도 있으니 맘껏 멋을 뽐내시길. 봉사활동과 기업탐방도 재미가 쏠쏠

한데, 활동을 직접 하는 것뿐만 아니라 기관과의 섭외를 할 때 학생들이 개인적으로 해당 기관과 컨택을 하게 되는데 이런 과정 속에서도 많은 것들을 배울 수 있는 수업이었다.

8. 숲과 인간

숲과 나무, 환경에 관심이 많은 사람들에게 매우 즐거운 강의가 될 수 있다. 이 수업에서는 숲의 역사와 숲의 경제적 기능, 숲의 형성과 성장, 생태계, 야생동물 등 숲과 인간의 관계를 주요 테마로 해서 한 수업에서 산림과학부 여러 교수님들의 강의를 동시에 들을 수 있다. 말로만 듣던 서울대학교 학술림에 가서 현장 실습을 할 수 있고(학술림은 정말 근사하다), 학교 캠퍼스 곳곳을 돌아다니며 나무의 이름과 특성을 배우고, 직접 나무를 심는 실습도 진행된다. 여러 현장 실습 속에서 숲과 나무를 더 잘 이해할 수 있게 되고, 자연 환경 속에서 오랜 시간 동안 팀원들끼리 조별활동을 하며 보고서를 만들어 가게 된다. 이러한 과정을 통해 수업을 함께 듣는 학우들과 깊은 유대감을 형성할 수 있게 되는 것이 이 수업의 또 다른 묘미다.

9. 양궁

우리나라 올림픽 효자 종목, 양궁. 하지만 실제 올림픽 경기에서 하는 것처럼 활시위를 당겨볼 수 있는 곳은 많지 않다. 대표적인 인기 과목인 양궁 수업에서는 올림픽 선수들이 사용하는 활과 똑같은 활을 이용해 양궁을 해볼 수 있다. 처음에는 '그냥 뒤로 당겨서 쏘면 되는 거 아냐?'라고 생각했지

만 기초적인 자세가 아주 중요
하다. 그냥 당긴다고 되는 것이
아니다. 올림픽 국가 대표 감독
님에게 배울 수 있는 양궁, 한
번쯤 경험해보라고 추천해주
고픈 멋진 수업이다.

10. 가야금

음악대학 국악과에서 진행하는 가야금 수업이다. 음악대학 근처를 지나
가면 항상 피아노, 바이올린, 첼로 등 여러 서양 악기의 선율이 귓가에 전해
져 온다. 그 속에서도 은은하고 고고하게 울려 퍼지는 가야금 소리에 매료
되어 이 수업을 듣게 되었다. 악기가 한정되어 있기 때문에 열 명씩 수업을
진행하는데 남학생은 나 혼
자였다. 처음엔 좀 어색해도
쉽게 그 분위기 속으로 동화
될 수 있다. 강사님께서 이해
하기 쉽게 아주 친절하게 가
르쳐 주신다. 초보자도 쉽게 따
라 올 수 있게 악보를 익히고,
쉬운 곡부터 난이도 있는 곡까

지 차근차근 배우게 된다. 기말 고사 때는 아리랑을 연주하게 되는데 한 학기 동안 부쩍 성장한 손놀림에 감탄하게 된다.

11. 말하기

'새삼 말하기를 꼭 배워야 하나?'라는 반문을 하며 들었던 말하기 수업. 종강 때에는 새삼 '말하기는 이래서 꼭 배워야 하는구나' 하며 만족했던 수업이다. 교수님께서 처음에는 말하기와 관련된 이

론적인 강의를 진행하시고 매 수업 시간 마다 하나의 소재에 대해 제한된 시간 안에 말하기를 진행한다. 자신이 말하는 모습을 촬영한 것을 통해 다시 짚어 보고 같이 수업을 듣는 학우들이 그에 대한 점수를 평가하고 피드백을 해준다. 이렇게 수업이 진행되다 보면 자신은 몰랐던 말하기 할 때의 좋지 않은 습관이나 버릇들을 발견하고 고쳐나갈 수 있게 된다. 이 수업을 통해 자기소개, 소집단 프레젠테이션, 아카데미 토론, 대중연설, 미디어 토론 등에 필요한 다양한 커뮤니케이션 기술들을 습득할 수 있다.

우리 모두 리얼리스트가 되자. 그러나 가슴 속에 불가능한 꿈을 가지자.

– 〈68년 5월 프랑스 학생운동의 슬로건〉 중에서

　중 · 고등학교 학창 시절에 대학 캠퍼스를 중심으로 펼쳐지는 낭만 드라마를 꿈같이 본 적이 있었다. 대학생 남자주인공과 여주인공은 얼마나 모두 선남선녀이던지! 그리고도 TV 시트콤에서는 재밌는 대학생활이 그려지고 있어서 나도 대학에 가면 저 정도는 아닐지라도 꽤 재밌는 생활이 펼쳐지겠지라고 내심 기대했던 것이 사실이다. 그러다 대학에 오고 1년쯤 지나고 나서 이상하게 내 대학생활은 왜 심심하지라는 생각을 갖게 되다가 2학년이 되고 나서야 대학생활의 진가를 알게 되었다. 바로 내가 동아리 활동을 시작했기 때문이다. 서울대에는 수많은 동아리가 있고 통합조직체인 동아리연합회가 있는데 짧게 줄여 '동연'이라고 부른다. 수많은 동아리야말로 서울대 문화생활의 꽃이라고 할 수 있을 정도로 문화, 체육, 사회 등등의 분과들이 많다.

　아참, 동아리를 소개하기 전에 동아리 차원을 뛰어넘는 독립조직을 하나 소개해야 할 것 같다. 바로 대학신문사! 대학신문은 선후배들 간의 위계질서가 엄격하고 그만큼 앞뒤로 끌어주는 인맥도 크다 한다. 그리고 기수제로 운영되는데 책임감도 있고 경력이 쌓이면 편집장이 되어 학내의 일들을 기사로 만드는 핵심적인 역할을 수행한다. 게다가 나중에 신문사, 기자 등의 진로를 생각하고 있다면 많은 도움이 된다고 하니 알짜 동아리라고 하지 않을 수 없다.

그 외에도 단대별로 신문사가 있는데 특히 공대신문사도 꽤나 유명하다.

이제 본격적으로 동아리 얘기를 할 시간. 너무 많아서 한 줄씩만 소개해도 지면이 부족할 것 같다. '총연극회'는 매년 2회 연극을 올리는 자체적으로 연기교실, 오디션공연 등을 준비한다.

혹시 'AAA'라고 들어본 적 있는지. 정식 이름은 '아마추어 천문동아리'이다. 단대를 불문하고 다양한 서울대생들이 모이는 동아리이다. 여기서는 체계적으로 천체를 관측해보고 천체 사진을 찍기도 한다.

서울대는 관악산 사면에 자리잡고 있어서 녹음이 무성한데 그래서 그런지 특히 많은 새들을 볼 수 있다. 그래서 더욱 빛을 발하는 곳이 '야조회'. 일러 야생조류연구회이다. 캠퍼스를 걸으며 다양한 새들을 탐조하고 정기 학습을 하기도 한다.

많은 대학생들이 그러하겠지만 서울대생들도 컴퓨터를 더 잘하고 싶어 한다. 그래서 서울대에는 'SCSC'라는 컴퓨터연구회가 있다. 왠지 이름만 들어도 게임 폐인들이 득실거릴 것 같지만 실제론 그렇지 않다. 'SIG'라는 그룹으로 나누어 프로그래밍이나 그래픽, 동영상 편집 등을 배우고 전시회를 열기도 한다.

서울대생들은 입학 후에도 영어 공부에 열심인데 그건 아마도 100% 영어 강의 학점이 많기 때문에 이것을 듣고 따라가기 위해서도 그렇고 영어 원서를 읽어오라는 과제도 많기 때문이다. 그래서 영어 동아리 'EHSA'가 인기가 많다. 치프의 진행에 따라 미국의 시사 주간지 「TIME」을 번역 토론하기도 하고 회화 연습이나 청취 연습을 하기도 한다. 뭐, 여기도 공부만 하는 곳은 아니다. MT도 가고 일일호프를 하기도 한다.

이외에도 마술동아리 '몽환', 여행동아리 '괴나리', 해비타트 '햇빛봉사단', 아시아 아프리카 라틴아메리카 연구회 일명 '아라연', 스윙 라틴댄스 동아리 '피에스타', 농구동아리 '호바스', 재즈동아리 'JIVE', 아마추어 무선 동아리 'HAM', 승마동아리 '마왕', 스노우보드 동아리 'SNURFER', 커피 동아리 '카페인', 실용음악작곡동아리 'SOUNDREAM' 등등 여기서 다 언급하지 못할 정도로 서울대에는 동아리가 많다.

만약 내가 대학생활을 매년 새롭게 시작할 수 있다면 나는 이 많은 동아리들에 가입해서 많은 선배들을 만나고 새로운 경험들을 해보고 싶다. 하지만 내 인생은 한 번뿐이라는 데에 모든 아쉬움이 생겨나는 것인가 보다. 내가 다시 신입생이 된다면 내 열정을 발휘할 수 있고 또 열정 있는 사람들이 가득한 동아리에 가입해서 즐거운 대학생활을 다시 한 번 해보고 싶다.

3장

맞아,
서울대였지!

시내버스가 들어오는 학교

● 　　학교에 입학해서 캠퍼스 생활을 시작할 무렵 가장 놀란 것은 학교의 큰 규모였다. 인문대 1동부터 시작해 의미를 알 수 없는 숫자로 된 건물들의 향연. 동기들이랑 마음먹고 하루 날을 잡아 학교 구석구석을 돌아보겠다는 계획을 세웠는데 오분의 일도 못 보고 포기하고 말았다.

중 · 고등학교 시절부터 서울대학교가 대한민국에서 가장 큰 캠퍼스 면적을 지니고 있다는 것은 익히 들었지만 이 정도였는지는 상상도 못했다. 만약 공대에서 수업을 듣고, 다음 시간 사회과학대학에서 수업이 있으면 쉬는 시간에 이동만 하기에도 벅차다. 그래서 시간표도 이동 가능한 동선을 잘 고려해 세워야 하고, 요일별로 비슷한 곳에 위치한 단과대의 수업을 듣는 것이 에너지 보존에 유리하다. 하지만 졸업을 위해 꼭 들어야 하는 필수과목이라든지, 주체할 수 없는 학구열을 불태우기 위해서 몇 학기를 간절히 기다려서 수강신청에 성공한 인기 과목을 수강할 수 있는 기회가 학교의 큰 면적 때문에 날아가 버린다면 얼마나 억울한가? 그런 학생들을 위해 바로 캠퍼스 안을 누비는 버스가 있다. 5513, 5511, 5516, 마을버스 02번, 내부순환셔틀버스, 외부순환셔틀버스.

입학식 때 학교 캠퍼스 안을 질주하는 시내버스들을 보고 놀란 기억이 난다. 아니 쟤들은 서울시 도로를 누비고 있어야 할 애들이 아닌가. 캠퍼스 심장부에 시내버스라니. 그 풍경이 참 이질적이라고 생각했다. 가만히 보니 작은 버스도 왔다 갔다 하는데 이것은 마을버스다. 힉, 얘도 지하철에서 아파트 단지 등을 누벼야 하는 사물인데 학교 안을 주인공인 양 버젓이 헤집고 다닌다.

그나마 가장 정상적으로 보이는 것이 촌스러워 보이는 황토색, 흰색, 파랑색 줄무늬에 '공무 수행 중'이라는 딱지를 붙이고 다니는 작은 내부순환셔틀버스다. 저기 똑같은 모양인데 키만 더 큰 외부순환셔틀버스도 보인다. 처음 대면했을 때의 이질감과는 달리 기나긴 학교생활을 잘 마무리할 수 있게 도와준 공신이라 할 수 있다.

외부에서 학교로 들어오는 주 통로는 두 곳이 있다. 하나는 서울대입구역에서 올라오는 '샤' 정문 출입구이고, 또 한 곳은 낙성대역에서 올라올 수 있는 후문이다. 옆문 같은 것은 존재하지 않는다.

서울대입구역 3번 출구에서 내리면 5513, 5511 버스를 탈 수 있다. 5513은 본부, 중앙도서관, 자연대, 농생대, 공대를 가야할 때, 5511은 목적지가 경영대, 사회대, 사범대, 기숙사일 때 이용한다.

낙성대역 4번 출구로 올라오면 02번 마을버스를 탈 수 있다. 작지만 엄청나게 넓은 범위의 캠퍼스 곳곳을 누비며 다닌다. 기숙사, 사범대, 중앙도서관, 공대, 농생대를 가고 싶다면 이 버스를 이용하면 된다. 5516도 캠퍼스의 많은 부분을 커버하는 데 둘째가라면 서럽다. 이 버스는 신림역, 녹두거리에서부터 들어오는 버스로 학교 안을 한 바퀴 돌고 본부 앞에 정차한다.

뭐니뭐니해도 제일 넓은 범위의 캠퍼스를 도는 버스는 학교 내부 순환셔틀버스이다. 다 돈다. 그리고 캠퍼스 외부와 연결되는 외부순환셔틀버스도 있는데 서울대입구역과 녹두거리에 정류소가 있다. 이 근처에 학교 학생들이 많이 거주하기 때문이다.

캠퍼스 밖 시내에 있을 때도 이 버스들을 종종 볼 수가 있다. 그러면 이상하게 반갑다. 학교 안 여섯 가지 버스는 학교를 대표하는 풍경이다. 이렇게 소개하며 그대들의 노고와 내 긴 학교생활 동안 든든하게 나를 실어 날라 준 고마움을 표현하고 싶다.

학교를 떠올리면 항상 함께 머리를 스치는 소중한 버스다.

서울대가 준 선물

서울대학교에는 많은 교환학생들이 있다. 캠퍼스에 외국인이 돌아다니는 것이 어색하지 않은 지 오래다. 그리고 교환학생들도 기숙사에서 생활할 수 있다. 개인적으로는 교환학생이 서울대생으로 공부하는 것이 매우 바람직하다고 생각한다. 다만 교환학생과 나 사이에 별다른 교류가 있지 않아 내가 굳이 영어를 쓰지 않아도 되는 경우에만 말이다.

오늘은 새로운 룸메이트가 들어오기로 한 날.

그동안 정들었던 룸메이트는 오랫동안의 고민 끝에 휴학을 하기로 결심했다. 룸메이트가 기숙사를 나가기로 하기 전날, 우리는 새벽에 치킨을 시켜놓고 맥주캔을 비워가며 대화를 나눴다. 그리고 며

칠 뒤 드디어 기숙사 조교님으로부터 새로운 룸메이트가 들어온다는 연락을 받았다.

종교 없는 나지만 그날은 책상 앞에 앉아 마음속으로 경건하게 기도했다! 외국인 룸메이트가 들어오지 않게 해달라고.

'신이시여, 저를 영어로도, 독일어로도, 불어로도 시험하지 마옵소서! 중국어와 일본어도 제게 과분하나이다. 제발 한국말을 유창하게 쓰는 같은 민족을 만나게 해주옵소서!'

똑똑똑. 노크하는 소리가 들린다. 큼큼. 첫인상이 중요하다. 표정 관리는 필수. 나는 애써 웃으며 맞이해주려고 노력한다. 두근두근 뛰는 심장을 진정시키며 문을 열었다.

'오, 마이 갓! 왜 저의 염원을 저버리시나이까?'

흐윽, 파란 눈의 외국인이다! 떨떠름하게 내민 내 손을 강하게 잡고 흔들더니 다짜고짜 강하게 포옹한다. 오, 이건 아니야. '외국인&외국어 울렁증'이 강하게 밀려온다. 이 세상엔 선과 악, 행운과 불운이 동시에 존재한다고 하지만, 왜 하필 이렇게 찾아온 것인지.

운명적인 첫날 우리는, 아니 그는 유창하게 영어로 자기소개를 했다. 미국 본토 백인에 탐스럽기까지 한 갈색 머리의 마이클이 낯선 나라에서 낯선 나를 만나 먼저 친하게 지내자고 건넨 용기 있는 말에, 민망하게도 제대로 대꾸하지 못했다.

"헬로우, 아이 엠 그래듀에이트 스튜던트, 에⋯또."

영어의 벽을 넘지 못한 채 진땀을 빼고 부랴부랴 전공서적을 싸들고 연구실로 내빼고 말았다.

서울대생이 영어 울렁증이 있다고 하면 좀 의아하게 생각할지 모르겠으나 세상 모든 것에는 예외가 있는 법이다. 하필이면 예외인 서울대생을 만난 마이클은 나에게 시원스레 인사를 받아본 적이 없던 것 같다. 마이클은 기숙사에서 언제나 반갑게 인사했는데, 내딴에는 성심성의껏 한 인사이지만 마이클의 성에는 안 찼을 것 같다.

나름 마이클을 배려하며 잘 살고 있다고 생각했는데, 어느 날 기숙사 조교님으로부터 연락이 왔다. 마이클이 그러는데 내가 자기를 외면하고 있는 것 같다면서 고민 상담을 했다는 것이다. '흐억, 아니 이게 무슨 소리냐? 내가 마이클을 무시하고 있다니? 오히려 나는 마이클을 떠받들고 있는데….'

조교님에게 사정을 자세히 듣고 보니 마이클은 내가 대화를 피하는 것 같다고 느꼈다고 한다. 아, 영어 울렁증의 부작용이 이런 결과를 초래하고 말다니.

"조교님, 제가 마이클을 미워한 것은 아니고요."

열심히 해명하고 전화를 끊었다. 그날 나는 마이클과의 대대적인 대화에 임하기로 결심했다. '원어민과 오랜 시간 대화를 하려면 레퍼토리를 준비해놔야 해.' 그날 연구실에서 인터넷 영어 사전을 뒤져가며 적어둔 단어를 들고 방으로 들어가기 전에 과자와 음료수를 좀 샀다. 방문을 열고 들어서니 마이클이 조금 경직된 얼굴로 자기 책상에 앉아 있다. 약간은 긴장한 표정으로 들어서는 내게 인사를 한다.

"헬로우 마이클. 하와유."

마이클의 얼굴이 조금 풀린다. 그리고 내가 사온 과자와 음료수를 보자 화색이 돈다. 그날 우리는 장장 두 시간 동안 대화를 했다. 그걸 대화라고 부를 수 있다면 말이다.

문장이 잘 만들어지지 않아 개떡같이 말해도 마이클은 찰떡같이 잘 알아들어 한편으로 재미도 있었다. 심지어는 내가 영어를 잘 하나 하는 착각이 들 정도였다.

결국, 외국인이 룸메이트가 된 것은 내 축복이었다. 마이클과 함께 있던 6개월 동안 영어에 대한 두려움이 거의 사라졌으니 말이다. 물론 마이클이 아닌 다른 외국인 앞에 서면 아직 말문이 잘 나오지 않을 때가 있으니 완전히라고 말하기는 좀 부족하지만….

아무튼 마이클이라는 룸메이트 덕분에 나는 많은 것을 배울 수 있었고 그것은 서울대가 나에게 준 선물이다.

서울대생들의 필통

고등학교 때는 필통이란 것을 들고 다니지 않았다. 연필과 볼펜 한 자루만 가방에 넣고 다니는 것이 편했다. 워낙 들고 다닐 책들이 많아 무겁기도 했지만 공부할 수 있는 내 마음만 있으면 된다고 생각했기 때문이다.

하지만 서울대에는 전국의 쟁쟁한 수재들이 모여들다 보니 수업 시간에 좋은 학점을 받기가 쉽지 않았고 공부 방법도 다종다양했다. 아마 말하지 않아도 전교 몇 등이라는 클래스를 유지하기 위해 살아오는 동안 자기만의 공부 방법을 갈고 닦고 개발해왔을 것이었다. 그런 아이들을 보면서 대학 1, 2학년 때는 작아지는 나를 느끼곤 했다.

그런 와중에도 이상하게 눈에 띄기 시작한 건, 서울대생들의 필통이었다. 필통의 재질이나 형태는 다양했지만 공통적으로 안에는 수많은 필기구와 소품들이 묵직하게 들어있었다. 샤프, 볼펜, 젤러펜, 지우개, 자, 사인펜, 커터칼, 네임택, 플래그 등등 여러 가지였는데 각 필기구들은 빨강, 파랑, 은색, 금색 등 여러 색깔들로 구비되어 있었다. 서울대생들은 공부를 하면서 책에다 낙서처럼 필기를 잔뜩 한다. 그들에게는 필기 또는 낙서가 숙명이거나 아니면 즐거운 일 같았다. 아니면 그 둘 다 일지도. 필기를 재밌게, 표 나게, 즐겁게 할 수는 없을까 하는 고민에 대한 해결책이 아마도 문구류의 수집벽으로 이어진 것인지도 모르는 일이었다.

어느새 나도 형광색연필을 사 모으는 취미가 생겼다. 책을 읽다가 저자의 핵심적인 생각, 놓치고 싶지 않은 문구에다 노란 형광펜으로 칠하기 시작했다. 어느 때는 자를 대고 밑줄을 긋기도 하고, 자를 쓰기 귀찮으면 연필로 죽죽 밑줄을 긋거나 동그라미를 그려 넣었다.

가장 핵심적인 문장 중에서도 가장 압축적인 어구, 예컨대 '○○한 ○○○'와 같은 형식의 최고핵심키워드에는 핑크 형광색으로 덧칠을 해서 어느 때 책을 펼치더라도 시선을 사로잡을 수 있게 했다. 그리고 반드시 다시 읽어보며 음미해야할 페이지라고 생각되는 곳에는 3M플래그를 붙이면서 페이지 요약 인덱스를 적어 놓았다.

이렇게 읽기를 계속하다보면 책을 한 권 읽을 즈음에는 책의 옆면이 형형색색의 플래그들로 촉수가 달린 것처럼 바뀌었다. 이렇게 읽는 것의 장점은 그 책을 한 권 읽고 나서 시간이 흘러 나중에 다시 읽어야 할 때에 빠른 시간에 복습이 가능하다는 것이다. 형광색칠된 부분들과 플래그 된 페이지들을 중점적으로 읽으면서 책 전체의 내용을 요약적으로 한 번에 회상할 수 있었다. 그리고 이후에 두 번째 읽는 일은 커다란 만족감으로 다가왔다. 두 번째 읽기에서는 처음에 읽었을 때 놓쳤던 부분을 보완하며 읽을 수 있다는 점이 좋았다. 그렇게 발견된 중요한 지점은 또 다른 색깔의 형광색으로 칠하는 즐거움을 누릴 수 있었다.

물론 이 방법은 다 좋지만 그 책이 내 것이어야 한다는 단점은 있다. 선배에게 빌린 책에 무심코 색을 칠하다가 원망을 듣게 되면 대략 낭패스런 일이니 약간 주의해야 할 필요도 있다.

이 세상엔 사람 수만큼의 수많은 공부 방법이 있을 것이고, 하나의 책을 이해하는 수많은 방법들이 있을 것이다. 그 어느 것이 제일 좋다고 말할 수는 없다. 하지만 한 가지 확실한 건, 책을 읽고 공부를 한다는 것이 오직 고통스러울 따름이라면 효율은 떨어질 수밖에 없다. 책에 낙서도 하고 밑줄도 긋고 색도 칠하고 하면서 머리와 손과 마음이 함께 움직인다면 공부라는 것도 아주 조금은 즐거운 것이 되지 않을까라고 생각해본다.

맞아, 여기는 서울대였지

●　　　대학생이 되니 시험도 고등학교 때와는 사뭇 달랐다. 시험 범위는 주로 '수업한 것까지'와 같이 명확하지 않았는데, 청산유수 같이 말씀하시는 교수님의 말씀을 모두 받아 쓰는 건 쉽지 않았다. 반면 '대학 국어' 같은 기초학문 과목은 암기 시험이 있어 1회당 약 천 자 정도의 한자를 외워야만 했다.

사실 나 같이 기억력이 좋지 않은 사람에게는 고역이었다. 하지만 주변 동기들도 천하태평이었고 한자 시험공부에 그렇게 신경 쓰는 사람도 없어 보였다. 그런 모습에 마침 열심히 준비할 시간이 없었던 나는 안심을 하고 있었다. 그리고 시험 당일에 친구들과 함께 '나 공부 정말 못 했어'라고 웃으며 이야기했는데, 결과는 참담했다. 시험 난이도는 결코 낮은 편이 아니었는데 고득점자들이 눈에 수두룩하게 띄었다. 그제야 깨달았다, 여기는 서울대였지.

전반적으로 서울대 학생들은 자기에게 주어진 일을 완벽하게 해내려는 경향이 있다. 시험, 발표, 리포트, 조별활동, 체험 등 과목별로 주어지는 과제 종류나 분량이 결코 적지 않음에도 불구하고 최선을 다한다. 실제 시험 기간이 되면 기숙사 내 각종 공간에는 발 디딜 틈이 없다. 그 넓은 901, 919동 식당도 식사 시간 외에는 24시간 공부하는 학생들도 만석이고, 각 동별로 있는 독서실 문을 열면 학생들의 열기가 더운 바람이 되어 뿜어져 나온다. 휴식 공간과 카페도 설립 목적과는 달리 스터디나 숙제를 하는 학생들의 이용률이 가장 높다. 예전에 한 교수님께서 웃으시며 말씀하셨다.

"여기 학생들은 쉬라고 만들어 놓으면 가서 공부를 해요."

워낙 밤을 새서 공부하거나 늦게 귀가하는 학생들이 많다 보니 총학생회에서 '심야 중앙도서관-기숙사 셔틀버스 운영' 등의 정책을 펴기도 했다.

그렇지만 유혹은 언제나 존재한다. 한번은 전공 시험 전날 기숙사 방에 룸메이트, 나 그리고 같은 과 동기 두 명이 밤샐 각오를 하고 모인 적이 있었다. 자정을 넘어가자 출출해지기 시작했다. 밤새는 자에게 야식은 달콤한 휴식이 되는 법. 그런데 문제는 이것이 휴식이 아니라 축제로 변할 때이다. 뭐 좀 먹지 않겠냐는 제안에 10초

도 안 되어 "치킨? 보쌈? 탕수육? 피자!" 등이 튀어나온다. 방금 전
예상 문제 퀴즈에서는 보이지 않던 기백이다.

치킨학과와 탕수육학과의 끈질긴 접전 끝에 오늘의 논쟁은 치킨
학과의 승리로 마무리되었다. 30분 뒤, 동 현관에서 치명적인 향기
를 풍기는 치킨 두 마리를 들고 돌아온 나를 모두가 반긴다. 시험 기
간 동안 방을 제공하겠다고 했을 때도 이런 반응은 아니었는데….

문제는 그 다음이었다. 포만감은 의지를 약하게 만들고 급기야 우
리는 걷잡을 수 없는 수다 모드로 빠져들었다. 배꼽 잡으며 이야기를
하다 보면 두세 시간은 훌쩍 지나가기 마련이다. 그러다 정신을 차리
니 새벽 3시. 불현듯 먹은 게 다 소화가 된 듯한 기분이 든다. 머리는
멍해지고 내일 시험이 걱정되면서 후회막급이다. 그래도 서로 후회
한다는 표정은 비치지 않기로 작정하고 다시 두꺼운 책을 펴 든다.

막판 스퍼트!

마라토너의 심정이 바로 그것이 아닐까. 새벽 5시까지는 다시 집
중하는 듯하지만 그 시간을 넘어가면 몸이 나른해지기 시작한다. 커
피를 마시면서 토끼눈을 하고 혼신의 힘을 짜 내어 본다. 아침 7시
를 넘기면 책상에 엎드려 잘 테니 한 시간 후에 깨워달라는 친구가
나온다. '안 돼, 지금 잠들면 일어날 수 없다고.' 이렇게 조언해주고
싶지만 내 한 몸 지탱하는 것도 쉽지 않은 일이다. 하나, 둘 전사자
들이 늘어간다. 나도 정신력으로 어떻게든 버텨보려고 하지만 책 속

의 글자들이 눈에 잘 들어오지 않는다.

잠깐 눈을 붙였을까. 시끄럽게 울리는 알람 소리에 눈을 뜨니 시험 30분 전. 옆에서 자고 있는 친구들을 깨워 부랴부랴 방을 나선다. 이럴 때 기숙사의 장점은 학교와 가깝다는 것이다. 정류장까지 걸을 필요도, 버스를 기다릴 일도 없다. 그저 두 다리를 믿고 강의실로 뛰어가면 된다.

드디어 다가온 시험시간. 뭐가 어떻게 지나가는지도 모른 채 정신없이 시험을 치르고 나왔다. 강의실을 빠져나와 처음 맞게 되는 그 눈부신 태양과 상쾌한 공기! 아마 마음이 홀가분해진 까닭일 것이다. 결과는 어찌될지 모르지만 그래도 뿌듯하다. 내 인생의 작은 시험을 이렇게 또 지나왔구나 하는 안도감이리라. 다만 시험을 하나씩 치러낼 때마다 다짐하게 되는 한 가지가 있다.

밤은 새지 말자.

학회 전날 밤의 고군분투

아마도 학부 3학년쯤이었던 것 같다. 주말에 '학회'에 가야 한다는 대학원 선배들의 얘기를 듣고 동경의 시선을 보내다 "같이 갈래?"라는 말에 혹해 따라간 건…. 그 학회는 주로 교수, 강사님들 위주로 진행되었고 나는 조금 졸리긴 했지만 이어지는 발표와 토론들의 전문적인 분위기에 매료되었다. 선배들은 학회에 따라 내용만 좋다면 대학원생도 발제를 할 수 있다는 사실을 알려주었고 나는 벌써 학자라도 된 듯, 흥분에 몸을 떨었다.

그리고 대학원생이 된 지금, 그것도 학회 하루 전날 밤, 그때의 철없던 나를 떠올리며 힘없이 미소 짓는다. 학회라는 거 대학원생이 되면 이렇게 수없이 접할 줄은 몰랐지. 그것도 내일 있는 학회는 우리 학교에서 개최된다. 그것 때문에 벌써 몇 주간 고생했던가. 학회 준비는 결코 만만치 않다. 자료 수합, 자료집 제작, 복사 등의 내용적인 부분에서부터 강의실 섭외, 다과 준비, 각종 설비 세팅, 홍보 포스터 및 길안내 부착, 당일 행사 준비. 학부 때 소속되었던 동아리 발표회나 축제 홍보와도 비슷하지만 단지 즐거움과 자기발전을 위해 하는 것만은 아니다. 실수하면 교수님들과 학과의 체면에 누를 끼친다는 사실 때문에 긴장을 늦출 수 없다.

오늘도 지친 몸을 이끌고 밤 11시까지 마무리 작업을 끝냈다. 내일 새벽 같이 나가서 다시 시작하면 제 시간에 맞출 수 있겠지. 기숙사에 산다는 건, 늦게까지 일이나 공부를 해도 귀가에 대한 고민을 하지 않아서 좋긴 하지만 한편으로 '아, 넌 기숙사지'라고 하면서, 교수님도 연구실 사람들도 일찍 놓아주지 않는다는 단점도 있다. 웬만한 행사 당일에는 가장 먼저 도착해야 하기도 하고.

털썩, 대충 옷을 갈아입고 자리에 앉았다. 이번 학회에서 나는, 무려 동경하던 발제자이기도 하다. 이미 몇 달 전에 제출한 발제문을 집어 든다. 영어로 쓰여져 겉보기에 그럴싸해보이지만, 사실은 한국을 한 번도 떠난 적 없는 내가 썼으니 어색한 표현이 없을 리 없다. 게다가 내일 학회는 다양한 아시아권 학자들도 참여하기 때문에 모든 세션이 영어로 진행된다. 전공자들, 게다가 외국인의 입장에서는 발표나 토론할 때 조금만 어눌한 부분이 있어도 바로 인상을 찌푸릴

터였다.

안 그래도 기말 리포트 쓰랴, 학회 준비하랴 시간이 부족했는데 발제 내용을 점검하려면 오늘은 밤을 새야 하겠지. 사람은 타이틀 하나 바뀐다고 쉽게 변하는 존재는 아니다. 대학원생이 되면 밤 늦게까지 공부를 하고, 기한에 쫓겨도 뭔가 전문가의 분위기를 낼 거란 생각은 얼마나 순수했던가. 거울을 보니 이건, 시험 때 푸석푸석한 모습으로 밤을 새던 학부 때와 별로 다를 바가 없다. 사실 완성해야 하는 수준이 다르니 뭔가 더하면 더했지.

그래도 마음 한 켠에서 뿌듯한 생각이 드는 건, 왠지 두근거리는 마음이 드는 건, 내 머릿속에서 만들어낸 내용을 구체화시켜 글로 표현해내고, 존경하는 교수님들과 세계의 학자들에게 보여줄 수 있기 때문이겠지. 어린 시절 품었던 동경은 어느새 현실이 되고, 언젠가는 더 명확해지겠지.

"자아, 그럼 하룻밤 힘내볼까!"

어깨가 살짝 결리기도 하고 눈도 피로한 것 같지만, 괜찮다. 이건 다 학자가 될 내가 앞으로도 숱하게 겪을 직업병일 테니까.

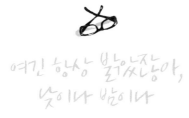

여긴 항상 밝았잖아,
낮이나 밤이나

기숙사 축구장과 학부동을 잇는 하늘계단 입구에 앉아 지
그시 눈을 감는다. 양 옆에는 천지가 텃밭이고 풀 냄새가 진동을 하
는데, 조금만 고개를 들면 형형색색의 불을 밝힌 서울 시내가 한눈
에 들어오니 이만큼 이질적인 매력을 지닌 곳도 없다. 석사 생활하
는 2년 동안 참 많이도 여기와 앉아 있었다.

논문 심사가 끝났다. 발표는 만족스러웠고, 교수님들도 좋은 평을
해주셨다. 이제 논문 원고만 다듬어 제출하면 졸업이다. 정신 없이
달리다 목적지와 시계를 번갈아 보다가 '시간 안에 왔구나' 안도하
며 풀썩 주저 앉았다는 느낌이랄까? 첫 작품 논문 하나를 완성하기
위해 2년의 세월을 달려왔다. 여기 이 기숙사에 거주하는 수천 명의

친구들도 같은 목적을 가지고 공부를 하고 있다. 거의 다 왔는데… 목적지까지 거리를 조금은 남겨두고 싶다. 예전 같으면 '이제 다 왔으니 뜸들이지 말고, 단숨에 넘어버리자 그러면 다 끝이잖아' 하고 생각했겠지만 이제는 그런 것이 아니라는 것을 잘 알기에 이 작은 여유로움을 조금 더 만끽하고 싶다. 초초하거나 답답할 때마다 오던 바로 이 자리에서.

학부생일 때는 대학원생 선배들이 논문 쓰는 걸 별 대수롭지 않은 일이라 여겼다. 책보다 얇은 두께의 까만색 하드 커버에 은색의 제목과 연도, 이름이 적힌 책자. 2년 동안 그 하나의 결과물을 위해 수많은 밤을 지새고, 공을 들인다는 것이 매력 없어 보였고, 논문 심사가 끝나는 날 그리도 큰 함박웃음을 짓던 선배들을 보며 표현이 풍부하신 분이구나 치부했었다.

논문 작성을 위해 자료를 수집하고, 진행사항마다 발표를 하고, 교수님의 질책에 몇 번을 수정하고, 동료들의 코멘트를 받으며 또다시 수정하고, 다시 수정하고, 최종적인 결과물을 냈을 때의 그 느낌을 이제는 누구보다 잘 안다. 정말 행복하다. 그냥 단순한 책자 한 권이 아니다. 이 속에는 2년간 내가 흘렸던 땀, 가족들과 친구들의 응원, 더 성장한 내가 고스란히 녹아있다.

오늘 따라 유난히 밤 하늘에 별이 총총 박혀있다. 여기 앉아 별들을 하나 하나 바라보고 있으니 그간 있었던 일들이 주마등처럼 스쳐

지나간다. 학부 졸업식, 프로젝트, 학회, 시험, 연구실 책상, 간이침대, 컵라면, 부모님, 동생, 여자 친구, 교수님, 연구실 동료들, 대학원 생활하는 동안 만났던 이름 모를 수많은 사람들의 얼굴들까지도.

눈물이 나려고 한다. 바지를 툭툭 털고 일어났다. 밤 하늘은 이렇게 까만데, 기숙사는 환하다. '뭐 여긴 항상 이렇게 밝았잖아 낮이나 밤이나.'

오늘은 정말 좋은 꿈을 꾸며 잘 수 있을 것 같다.

불 켜진 토요일 밤

서울대 기숙사는 두 개의 큰 식당이 있다. 하나는 서울대 생활협동조합에서 운영하고 있는 919동 학생식당이고 또 하나는 신축대학원 기숙사에 있는 사설 학생식당이다. 이곳 사설 학생식당의 이름은 '아워홈'인데 아마 뜻을 풀이하면 '우리집' 같이 편안히 먹을 수 있는 식당 정도의 뜻인 것 같다. 기숙사 식당이니만큼 규모도 일반 식당과는 차원이 다를 만큼 크다. 그리고 배식도 여러 명의 아주머니분들과 예쁜 영양사 누님이 도와주신다.

밥도 맛있지만 이들 식당의 매력은 뭐니뭐니해도 학생들에게 장소를 개방한다는 점이다. 정해진 식사시간이 지나면 식당 아주머니들께서는 식탁을 깨끗이 청소해주시고, 그러면 학생들이 가방을 매고 하나둘씩 들어와 앉아 책을 보거나 노트북을 펼쳐들고 인터넷을 하거나 삼삼오오 모여앉아 작은 소리로 토론을 한다. 아무래도 기숙사는 대체로 2인 1실이 기본이다보니 룸메이트가 조용히 휴식을 취하고 있거나 일찍 잠이 들기라도 하면 키보드 두드리는 소리가 신경이 쓰일 법도 한 것이다. 그러면 조용히 책과 노트북과, MP3 등등을 챙겨들고 이곳 기숙사 식당으로 건너오게 된다.

부러운 광경 한 가지. 가끔 커플들을 볼 수 있는데 서로 부족한 전공 공부하는 것을 도와준다. 남자 친구가 수학 문제 풀이를 직접 해보인다든지, 여자 친구가 영어 원서의 뜻을 풀이해준다든지 하는 광경은 모두들 티는 안 내지만 부러워하는 광경이다. 그래도 꿋꿋이 헤드폰을 끼고 독서삼매경에 빠져있는 학생을 보면 '그렇다면 나도' 하는 마음이 저절로 일곤 한다.

특히 토요일 저녁 8시면 중앙도서관 자료열람실이 폐관하므로 마땅히 공부할 곳이 없는 내게 기숙사 학생식당은 마음 편한 장소다.

어느 토요일 저녁, 나는 낙성대 원당시장까지 내려가 새우튀김, 닭강정, 오렌지 세 개, 딸기 한 팩, 초코씨리얼, 우유1000ml, 그리고 크루아상과 페스츄리 등등을 사왔다. 주말 동안 부족한 공부량을 채우기 위해서다. 이게 음식과 무슨 상관이 있냐고? 공부를 하다가 찾아오는 식욕을 그때그때 해결하지 못하면 안절부절 못하고 언제 마을버스를 타고 낙성대까지 내려갔다올지 모르기 때문이다. 물론 기숙사엔 매점이 있기는 하지만 과일과 군것질거리를 해결하기엔 부족한 감이 있다.

토요일과 일요일 저녁, 919동 기숙사 식당은 환한 형광등 불빛 아래 학생들로 꽉 들어차 있다. 책상에는 두꺼운 전공서적이나 원서가 놓여있고 귀에는 이어폰을 꽂고 있거나 펜으로 쉴새없이 무언가를 끄적인다. 매번 보는 장면이지만 볼때마다 압도되는 느낌이다.

그날 저녁 나는 책을 읽다가 졸음이 왔다. 얼마나 공부를 했을까. 졸다가 깨어보니 새벽 3시 반. 식당은 절반 정도의 학생들이 자기 방으로 돌아가고 아까보다 한산해졌다. MP3를 꺼내든다. 역시, 새벽에 듣는 음악은 더욱 감미롭고 왠지 머리를 맑게 해주는 것 같다. 그러나, 찝지름한 느낌. 코피가 났다. 누가 볼까 민망했다. 아마 사람들은 이 장면을 보면 '누가 서울대생 아니랄까봐'라고 말할지도 모르겠다. 월요일에 있을 교수님과의 면담을 생각하면 공부를 더 해야 할 것 같았는데 결국 그날은 방으로 돌아와 잠자리에 들었다.

아마도 누군가 이 모습을 보면 왜 그토록 열심히 공부하느냐고 물을지도 모른다. 하지만 묻는 사람은 정녕 모를 것이다. 그렇게 보이는 그 당사자는 그것을 '열심히'라고 생각하지 않는다는 것을. 정녕 궁금해서, 좋아서, 호기심을 해결하고 싶어서 밤새 매달리는 것이고, 다른 것보다 이것이 조금 더 재미있는 것 같아서 그러는 것뿐이고, 그리고 여기에 내 에너지를 쏟아 붓고 싶은 것이다.

시험 기간, 도서관 24시

회색빛 서울대학교 중앙도서관의 외관은 조금은 차갑고, 딱딱하고, 과장하면 을씨년스러울 때도 있다. 색은 같아도 A 대학의 고풍스러운 석조 건물과도 전혀 다르고, B 대학의 담쟁이가 쳐진 예쁜 벽돌무늬 건물과도 비교할 수 없다. 마치 커다란 네모 상자에 콘크리트를 바르고 그대로 마무리 한 것 같은 느낌도 들어 '우리학교는 왜 이럴까'라고 생각하기도 하지만 그 안에는 누구보다 열정적인 사람들이 24시간 불을 밝히고 있다.

평소에는 척 보아도 도서관에서의 생활이 익숙한 듯한, 각종 고시를 준비하는 학생들이 절반 정도 자리를 잡고 있다. 방석이나 무릎 담요를 사용하거나, 칫솔을 상비하거나, 텀블러나 머그컵을 챙겨 다니면 고시생일 확률이 높다. 거기에 리포트 작성이나 퀴즈가 코앞인 학생들이 군데군데 끼여 있는 형국이다. 이때의 도서관은 조금 한산하고, 조용한 느낌이다.

그렇지만 시험 기간이 되면 이야기가 좀 달라진다. 도서관 입구의 지정석 기계 화면의 작은 의자들 대부분이 사용하고 있다는 의미의 빨간색으로 바뀌고, 한쪽 끝에서 바라보면 반대편 벽쪽이 아득할 정도의 열람실은 발 디딜 틈이 없다. 약간은 무덥고, 조금 답답한 공기 속에서 함께 공부하러 온 커플, 평소라면 절대 밖에서 끼지 않을 듯한 해리포터 뿔테를 낀 여학생과 잠바를 입고 우르르 모여 앉아 있는 무리 등 다양한 학생들이 내일의 시험을 준비하고 있다.

시험 때만 되면 이러한 진풍경이 24시간 펼쳐지는 게 일상이다 보니 총학생회에서는 특정 날짜에 간식을 제공하기도 하고, 본부와 협의해서 외부나 기숙사로 심야 셔틀을 운행하기도 한다. 생활협동조합에서는 학생들의 요청에 따라 매번 10일 정도 도서관 매점 운영 시간을 새벽 2시로 연장하는데, 한창 시험이 몰려 있는 주에는 빵이나 우유, 특정 과자가 다 팔려나가고 텅텅 비어 있는 광경도 볼 수 있다.

열람실 밖은 한층 더 활기가 있다. 배가 고픈지 매점에서 산 주먹밥을 세 입만에 삼키는 남학생도, 기분 전환 겸 '도라지(도서관 라운지)'에 앉아 깔깔대며 웃고 있는 여학생들도, 저린 다리를 풀며 도서관 터널에 붙어있는 포스터와 자보들을 진지하게 읽고 있는 고학번들도, 저마다의 빛으로 시험 기간 도서관의 한밤중을 밝힌다.

사회에서는 종종 서울대생이라는 개념이 일반화된다. 독하게 공부하고, 자기 것만 챙기고, 특정 문화가 없다는 이야기도 있고, 반대로 놀기만 하고, 생각보다 가볍다는 지적이 나오기도 한다. 사실 어디에도 정답은 없겠지만 만약 그런 이야기를 하는 사람이 있다면 시험 때의 도서관을 보여 주고 싶다. 평소 모습이 어땠건, 어떤 생각을 하며 앉아있건 그 순간 열정과 젊음의 모습은 백 마디 말로 표현하는 것보다 의미가 있다고 생각하기 때문이다. 시험 기간의 중앙도서관 풍경은 단순한 공부를 넘어선 하나의 고유한 학교 문화로 어느새 자리 잡았다.

끝나지 않는 두 글자, 시험

알프레드 디 수자 여사의 이 격언을 처음 접했을 때 꽤나 적절하다는 생각이 들었다. 살다보면 이것만 해결하면 영원히 해피엔딩일 거라 기대할 때가 있지만, 아니라는 사실을 실감할 때가 종종 있지

206

않던가(물론 그녀는 행복은 언제나 곁에 있다는 사실을 강조하기 위해 이 말을 했다고 하지만 해석은 읽는 자의 몫이니까). 어쨌든 여러 가지 의미에서 스스로를 격려하기 위해 다이어리에 옮겨 적어 놓고 가끔씩 읽곤 했는데, 유난히 과제가 많던 중간고사 기간에 멍하게 다이어리를 보다 '장애'라는 문구 대신 '시험'을 집어넣어 보았다. 기가 막히게 어울렸다.

마냥 행복할 거라고 믿었던 대학교에서도 한 학기에 들어야만 하는 수업이 있고, 당연히 뒤따르는 과제나 시험, 발표가 있다. 성적에는 관심이 없다, F만 받지 않으면 된다고 생각하면 별 문제가 없겠지만 대부분의 학생들은 사람인지라 그러기가 쉽지 않다.

시험 유형도 다양하다. 고등학교 때를 떠올리게 하는 객관식 시험도 있고, T/F 맞추기, 빈 칸 채우기, 계산하거나 수식 풀기 같은 경우에는 비교적 단답형이다. 다섯 줄로 개념 설명하기, 특정 개념 비교하기 정도가 되면 어느 정도 지식이 있어야 답할 수 있고 특정 주제나 현상에 대한 개인의 주장을 서술하거나 현실에 적용해보는 문제는 답을 쓰고서도 학점이 나오기 전까지는 결과를 예측할 수 없다. 가장 쉬울 수도, 어려울 수도 있는 문제는 '아는 대로 쓰시오'이다. 공부를 제대로 안 한 경우에도 그나마 쓸 말이 있고 많이 한 경우에는 어떻게 논리적으로 전개할 것인지, 분량은 어떻게 해야 할지에 대해서 생각해야 하기 때문이다.

어떠한 문제를 낼 것인지는 전적으로 교수님의 스타일에 달려있다. 한 번은 영문학 수업 시간에 한 편이 대여섯 장을 잡아먹는 시의 빈 칸을 채우는 문제가 나온 적도 있다. 비록 교수님께서 예고하시진 않았지만 직관적으로 crossbow 대신에 arrow라든가, 유사한 단어를 쓰면 감탄하시며 점수를 주신다는 뒷소문이 돌기도 해서 시험 시간에 교수님의 감성을 울릴 만한 단어를 끙끙대며 고민하기도 했다. 한국 현대사 교양 수업에서는 다들 연표나 인물별 업적, 중요 사건, 그 의의 등에 대해서 공부해 갔는데 강사 선생님께서 '다음 중 가장 가방끈이 긴 사람은? 1. 김구 2. 여운형 3. 이봉창 4. 윤봉길'이라는 문제를 출제하기도 했다. 그렇게 허탈해하며 답을 찾아봤으면서도 답은 지금도 기억이 나지 않는다.

그래도 다행인 것은 대학생들은 학원에 가서 비법서를 구하지 않더라도 선배들이나 학교 온라인 커뮤니티에서 손쉽게 족보를 구할 수 있다는 사실이다. 새로이 수업을 맡게 된 강사 선생님께서 출제를 하시거나 교수님이 마음을 먹고 문제를 바꾸지 않으시는 경우에는 꽤나 유용하게 활용할 수 있다. 보통 시험 기간이 되면 한 손에는 족보를, 한 손에는 가장 필기를 잘한 친구-간혹 내 필기일 때도 있는데 상당히 뿌듯하다-노트 복사본을 손에 쥐고 있어야 준비가 되었다고 할 수 있다. 이제부터는 각자 방법이 다르다.

소위 FM형 우등생들은 깨알같이 옮겨 쓰면서 자신만의 정리 노트를 새로 만든다. 정말 다 외우고 있나 싶어 물어보면 막힘없이 답하며 요행으로는 A+를 받을 수 없다는 현실을 일깨워준다.

나처럼 내용을 파악한 뒤 남에게 설명하면서 정리하는 스타일에게는 스터디가 효과적이다. 물론 혼자서 공부하기에 의지가 너무나도 약한 경우에도 권장할 만하다. 내가 맡은 부분을 준비해가지 않으면 남들에게 피해가 되니까. 서로 문제를 내주기도 하고 수업 시간에 졸고 지나친 부분을 교수님께서 강조하신 부분까지 포함해서 새로이 배울 수도 있다는 게 스터디의 장점이다.

단점은, 주로 친한 사람들끼리 함께 하기가 쉬운데, 술터디가 되거나 공부 대 기타의 비율이 4:6이상이 되기 쉽다는 것이다. 흔치 않지만 천재형도 있다. 수업 시간에 들었으니 괜찮다며 놀거나 한 번 본 것만으로 연표나 개념을 술술 외워버리는 경우다.

여러 가지 경우가 있지만, 시험은 누구에게나 어렵고, 하기 싫고, 힘든 과제이다. 그래도 예상 문제를 맞혀서 잘 적고 나오면 뿌듯하기도 하고, 나와 비슷한 처지의 사람들과 푸념을 늘어놓으며 웃기도 하고, 의외로 성적이 좋으면 기쁘기도 하다. 돌이켜 보면 고등학교 시험은 잘 기억나지 않지만 대학교의 시험은 은근히 많은 추억거리를 만들어 준 것 같다.

역전의 오종사와 학점 헤는 밤

시험 하면 빼놓을 수 없는 숙명. 그 결과. 바로 학점이다. 내가 1학년 때 처음 접했던 학점과 관련된 글인데, 윤동주 시인의 '별 헤는 밤'을 패러디 한 시이다. 이미 많은 학우들이 알고 있는 것이다. 출처를 위해 작가를 찾으려고 노력했지만 찾지 못했다. '학점을 받았을 때의 심정을 이렇게도 잘 표현한 시가 있을까, 정말 명문이다.' 감탄했던 기억이 나 여기서 소개해보고자 한다.

학점 헤는 밤

계절학기를 수강하는 여름에는

재수강으로 가득 차 있습니다.

나는 아무 걱정도 없이

성적표 뒤 학점들을 다 헤일 듯합니다.

성적표에 하나 둘 새겨지는 학점을

이제 다 못 헤는 것은

학점수가 너무도 다양한 까닭이요,

플러스, 제로, 마이너스가 너무 복잡한 까닭이요,

헤아려봐야 밑의 평균과 다를 이유가 없는 까닭입니다.

A 하나에 기쁨과

B 하나에 안도와

C 하나에 쓸쓸함과

D 하나에 괴로움과

F 하나에 어머니, 어머니!

어머님, 나는 학점 하나에 아름다운 말 한 마디씩 불러봅니다. 미적분학 수업에 대출을 해줬던 아이들의 이름과 포트리스 ,프리첼, 스타크래프트 이런 이국단어들의 이름과, 벌써 통신 폐인이 된 기숙사 넘들의 이름과, 가난한 동기, 선배들의 이름을 불러봅니다.

이네들은 현실과 너무나 멀리 있습니다.

A학점이 아스라이 멀듯이,

어머님,

그리고 당신은 멀리 계십니다.

나는 무엇인지 궁금해

이 복잡한 학점이 내린 성적표 위에

내 이름자를 쓱 보고,

얼른 봉투 속으로 집어넣어버렸습니다.

딴은 밤을 새워 마시는 넘들은

부끄러운 학점을 슬퍼하는 까닭입니다.

그러나 계절이 지나고 나의 학점에도 족보가 먹히면

버들골에 파란 잔디가 피어나듯이

내 이름자 적힌 성적표에도

자랑처럼 A+이 무성할 게외다.

1학년 미적분학 중간고사 시험 시간, 적막이 흐르는 대형 강의동

에서 조교님으로부터 받은 시험지를 펼쳐 들었다. 1번부터 5번까지 복잡한 수식으로 점철된 하얀 종이가 심적 압박을 더해준다. 1번부터 5번까지 문제를 꼼꼼하게 정독하며 쭉 살펴 내려간다.

그리고 한숨 한 번.

"하아…."

포기는 빠를수록 좋다고 했다. 단대명과 학번, 이름을 크게 쓰고, 문제지와 답안지를 조용히 제자리에 덮고 일어난다. '이 넓은 답안지에 교수님께 죄송하다고 편지라도 쓸까?' 잠시 망설이다 다음을 기약하기로 한다.

문을 열고 나가는데 강의실 앞에서 시험문제를 설명해주시려고 들어오는 교수님이랑 눈이 딱 마주쳤다.

"자넨 5분도 안 돼서 벌써 다 풀고 나가는 건가?!"

"다음 시험에서 최선을 다하겠습니다."

어깨 뒤로 터져 나오는 학우들의 웃음소리. 속으로 외친다. '난 어떤 실수를 해도 만회할 수 있는 천하무적 1학년이라고.' 하여튼 부끄럽다.

어제 밤, 시험을 충분히 준비하기에는 이미 늦었지만 밤을 새서라도 함께 하며 같이 공부하자고 맹세했던 내 친구들은 다들 문제 잘 풀고 있을까? 걱정을 해본다.

결국 어제 기숙사에 모여 공부를 하다가 잠시 쉬자고 했는데 농구를 하고 배고프다며 통닭까지 시켜 먹으며, 밤을 지샜다. 공부하자는 맹세는 못 지켰지만 함께하자던 맹세는 지켰던 내 친구들. 잘하고 있으려나.

애네들 시험 다 치는 것 기다렸다가 푸념이나 하며 같이 가려는 심정으로 건물을 나서는데, 이미 나를 기다리고 있는 내 친구들을 만났다. 어두컴컴한 동굴을 헤쳐 나왔을 때 발견한 밝은 빛. 함께 했던 친구 네 명이 모두 음료수를 마시며 옹기종기 모여있다. '뭐 이 정도까지 오래 걸렸냐'는 투의 눈빛을 보내며 나를 반긴다.

"너넨 문제도 안 읽고 나왔냐?!"

너희들이 있어 외롭지 않다.

왠지 씁쓸하며 서글픈데 기쁘다. 이렇게 1학년 때는 학점이 2점대가 나왔다.

2학년이 되어 처음 받아본 전공필수 과목의 중간고사 성적이 떴다. 80명 수강인원 중에 68등. 불안 불안했지만 그래도 완전히 논 건 아니었는데, 부끄럽고 황당하다. 시험을 보지 않았거나 수업에 안 나오는 형들 빼면 거의 바닥이다. 결과는 학번으로 공개를 하지만, 내 학번을 아는 친구들이 볼까봐 불안하다. 뭐가 문제일까? '고등학교 다닐 때는 이러지 않았는데….' 하지만 우리 학교에서 이런 생각은 누구나 한 번쯤 하는 것이기에 말할 거리도 못 된다. 핀잔만 듣기 일쑤다.

쓰라린 마음을 홀로 삭인다. 매 학기 받아보는 성적에 적응이 안 된다. 대학 공부에 대한 요령이 부족한 건가. 후회로 얼룩진 성적표. '공부 외에 다른 활동을 열심히 하고 있지 않은가. 대학 생활에서 공부가 전부는 아니잖아?' 하는 부끄러운 자기 위안으로 애써 마음을 다독여본다. 하지만 고향에 계신 부모님 생각이 나는 건 왜일까?

정말 정신을 바짝 차려본다. 뭔가 뚜렷하게 '왜?'라고, 설명할 수 없지만 마인드가 180도 달라졌다. 고등학교 3학년들을 대학 강의실로 옮겨 놓은 듯 오총사들은 눈에 불을 켜고 열심히 공부했다. 우리들끼리 수업 시간마다 스터디를 만들었다. 스터디는 시험 일정이 잡히는 동시에 각자 300페이지 분량의 시험 범위에 해당하는 chapter를 나눠서 맡고, 그 chapter는 특히 심화해서 공부해 서로에게 강의하며 궁금한 것을 물어보는 형식으로 이뤄졌다.

시험이 여러 개 겹치게 되면 시험 이틀 전부터는 밤을 꼬박 새고 임했다. 최선을 다하고 장렬히 전사하리라. 치열하게 했고, 옆에 친구들과 함께라서 지치지 않고 공부할 수 있었다. 학기 초에 바닥에서 아등바등하던 성적의 부끄러움은 사라지고, 우리가 공부한 부분이 시험문제에 얼마나 나왔느냐에 따라 시험결과표에 우리 학번의 위치가 어디인지 결정났다. 우리의 위치는 맨 위 자리에 따닥따닥 붙어 있었다. 그렇게 1학기 선전하고, 2학기 때는 4점대의 학점을 받았다.

올 A, alleh!

당시 친구들 사이에서는 학점에 대해 이야기할 때, 'A whole new world, Let it B, under the C' 하는 것들이 한창 유행이었다. 'A를 받으면 모든 세상이 새롭게 보인다는 것이고, B는 그 정도면 그냥 그대로 둬라. 그리고 C 이하는 다 똑같이 엉망이다'를 말하는 것이다.

A가 빼곡하게 들어찬 성적표를 받아 본 사람만 알 수 있는 이 우월한 기분.

그것은 여기가 우리 학교라서 더 크게 느껴진다.

세상이 아름답다. 정말 A whole new world다!

죽을 벗처럼 힘들지만
다 잘 될 거야

●   시간은 새벽 3시를 넘어가고 있는데 주위 풍경은 마치 오후 3시 같다.

도서관 자리마다 빈 자리가 없고, 사람들은 저마다의 방식으로 이 밤과 사투를 벌이고 있다. 오후 3시 풍경을 새벽 3시에 연출하는 이 사람들이 평상시에는 베짱이처럼 놀다가 시험 때가 돼서야 발등에 불이 떨어져 부랴부랴 공부하는 사람들이냐고? 천만의 말씀이다. 분명 일부는 그런 학우들도 있지만 저기 보이는 안경잡이 내 친구도, 배불뚝이 4수생 형도, 인기쟁이 미인 누나도 평상시 지금처럼 열심히 공부하는 사람들이다.

이런 풍경은 도서관뿐만 아니라 캠퍼스 곳곳에서도 펼쳐진다. 밤이지만 캠퍼스 가로등 불빛 아래 사람들이 옹기종기 모여 각자 공부한 내용을 정리하는 모습들을 쉽게 볼 수 있다.

이렇게 저마다의 의지를 불태우며 'Stay up all night'을 하는 데 있어 가장 큰 적은 당연히 '잠'이다. 이 시기가 되면 매점의 캔 커피는 빠른 속도로 동이 나고, 도서관이나 캠퍼스 여러 곳에서 커피를 마시는 학우들을 볼 수 있다. 매점은 박카스와 유사한 드링크제도 다량 보유하고 있다. 이것이 또 효과가 기가 막혀서 졸음이 쏟아지는 새벽에도 낮의 정신 상태와 같은 각성을 유지하게 해준다. 부작용이 있을 수 있어 선호하지는 않지만 정말 급할 때는 어쩔 수 없다. 하지만 정작 시험시간에는 긴장이 풀어져서 졸음이 올 수 있으니 주의해야 한다. 이 외에도 내가 본 밤새기 위한 친구들의 치열한 노력들 중 생각나는 것들을 몇 가지 떠올려 본다.

귀여운 흰색 아기 돼지를 연상케 하던 내 친구 M은 항상 웃는 얼굴을 하고 있었다. 스마일의 전형이라 여겼던 이 친구가 보여준 잠깨기 방법은 호러 그 자체였다. 보기에도 무서운 대바늘을 가지고와 잠을 쫓아낸다며 아무렇지도 않게 자기 허벅지를 푹푹 찌르곤 했다. 당시 보고 있던 내 머리 밑이 쭈뼛쭈뼛 섰었다. TV나 라디오 등을 통해서만 듣던 일을 내 친구가 바로 옆에서 진짜 하고 있는 모습을 봤을 때 적지 않게 당황했던 것이 기억난다.

한의원을 운영하시는 아버지를 둔 친구 L은 기를 원활히 해서 잠을 오지 않게 해준다며 친구들에게 수지침을 놓아주곤 했다. 특별히 친한 친구에겐 서비스로 그 위에 작은 쑥뜸도 같이 놓아줬다. '저거 하는 시간에 공부 좀 더하겠다'며 핀잔을 주긴 했지만 나도 호기심에 한번 해봤다. 은은한 쑥뜸의 향이 좋았지만 효과는 그다지 알 수 없었다.

매운 약을 눈 밑에 바르는 친구들, 책을 들고 도서관과 캠퍼스 주변을 걸어 다니며 계속 중얼거리던 친구들. 저마다의 방법으로 잠을 떨치기 위해 애쓰던 모습들이 생각난다. 하지만 우리는 알고 있다. 이런 부차적인 노력들이 득이 되어 약간의 빛을 발하기도 하고, 또 아무런 효과를 보지 못하기도 한다. 잠을 물리치는 가장 효율적인 비법(?)은 뭐니뭐니해도 자기 의지라는 것. 그 의지가 약해지지 않게 계속 옆에서 여러 방법으로 주문을 걸어 주는 것이다.

요즘도 시험 기간에 내가 있던 그곳에 가면 몇 년 전과 같이 바뀌지 않은 풍경들을 마주하게 된다. 내 선배들이 그랬고, 내 동기들이 그랬고, 내 후배들이 현재 그리고 있는 풍경. 그 풍경 속 사람들에게 응원하고 싶다. 지금은 졸리고, 속 아프며 죽을 것처럼 힘들지만 다 잘 될 거라고.

중앙도서관

중앙도서관 내부

학교 정문

미술관 MOA

자하연

버들골

종상잔디 앞 셔틀 정류소

기숙사 삼거리 02번 버스와 셔틀버스

● 서울대입구 쪽

1. 서산꽃게

서울대입구역 2번 출구로 나와 보이는 야구장 골목길로 300m 정도 직진하면 오른편에 위치한 서산꽃게집을 발견할 수 있다. 꽃게찜, 아구찜, 해물찜 각종 찜 요리가 일품이고, 간장 게장은 옆에 밥 먹던 사람이 없어져도 모를 정도로 정신 못 차리게 하는 밥도둑이다. 맵싹한 찜과 짭조름한 게장이 먹고 싶을 때 들르면 좋다. 서울대에서도 아는 사람들만 아는 진정한 맛집이다.

2. 산야로/완산정

관악구청 고개에 위치한 산야로와 서울대입구 7번 출구 근처 완산정은 인근에서 유명한 24시간 콩나물 국밥집이다. 전주식 콩나물 국밥집이지만 산야로는 적당히 맵고 시원한 국물에 계란과 김을 넣어 먹는 재미가 있고, 완산정은 얼큰하게 매운 국물맛이 일품이라 선호가 갈린다. 두 집 모두 '모주'가 맛있는데, 해장을 하러가서는 다시 술을 마시고 나오는 경우도 많다.

3. 산채

서울대입구역 3번 출구로 나와 안경골목으로 들어가면 보이는 각종 찌개와 나물요리 등을 취급하는 산중음식 전문점이다. 각종 나물 반찬에 콩비지찌개나 청국장, 들깨국수 등 인근에서 맛보기 어려운 음식들을 접할 수 있다. 채식이 그립거나 부모님이 오셨을 때 갈 곳이 떠오르지 않으면 한

번 들러보자.

4. 성민양꼬치

서울대생들에게 양꼬치 맛집을 물으면 아마도 많은 사람들이 서울대입구와 낙성대와 사이에 위치한 성민양꼬치를 가장 먼저 언급할 것이다. 양꼬치 외에도 양갈비, 중국식 탕수육, 궁기정 등 각종 중국식 요리를 취급하며, 향신료 배합도 적당하고 양 특유의 비린내도 거의 나지 않아 전체적으로 평이 좋다. 2층인데도 늘 사람들로 가득 차 있다.

5. 유유백서

관악구청 건너편의 저렴한 술집으로 40여 종의 세계 맥주를 3천~7천 원 내에서 마실 수 있다. 전체적으로 어둡고 편안한 분위기라 친한 친구들끼리 가서 부담없이 놀고 오기 좋다. 웬만한 병맥주는 5천 원 이하에다 안주도 가격 대비 푸짐한 편.

6. 에그옐로우

서울대입구역 사거리의 종합쇼핑몰로 멀리서도 잘 보여 이정표 삼기에 좋다. 각종 브랜드몰이 입점해 있지만 쇼핑하기에는 종류나 가격 면에서 그렇게 만족스럽지는 않다. 영화관, 어학원, 휘트니스 클럽, 미용실, 치과, 애슐리, 노래방, 바 등 다른 시설들이 이용률이 더 높은 듯한 기분이 드는 건 왜일까?

● 낙성대 쪽

1. 솥뚜껑삼겹살

낙성대 인헌초등학교 맞은편에 위치하고 있다. 제주도에서 공수해온 맛있는 암퇘지를 솥뚜껑 위에 구워서 올려준다. 솥뚜껑 위에서 특유의 소리를 내며 익어 가는데 그 소리조차 맛있다. 다른 삼겹살집과는 입안에서 씹히는 질감이 다른 집. 그래서 많은 학우들이 찾는 곳, 후식으로 나오는 솥밥된장찌개도 일품이다. 저녁 시간대 예약은 필수.

2. 기절초풍왕순대

찹쌀 순대가 아닌 진짜 순대를 맛 볼 수 있는 곳. 순대가 통통하니 맛있다. 제목 그대로 기절초풍하는 맛. 겨울에 따뜻한 순대국이 생각날 때, 얼큰하고 고소한 맛이 그리울 때, 선배들에게 검증 받은 기절초풍왕순대로 가보자.

3. 원당시장

기숙사 생활하며 마주할 수 있는 가장 가까운 시장. 낙성대 3번 출구로 나와서 사당 쪽으로 가다보면 나온다. 기숙사 생활하며 고향 생각에 사람 냄새 물씬 풍기는 시장이 그립다면 낙성대 원당시장으로 고고씽. 오뎅, 족발, 떡, 과일, 생선, 야채. 없는 게 없다. 원당시장에서 학교로 연결되는 비밀 터널도 있는데, 이 길은 택시 기사님들도 잘 모르는 길. 산책로로도 좋으니 기회가 되면 이용해보시라.

4. 미도식당

신선한 국내산 소고기, 돼지고기를 원하는 부위별로 마음껏 먹어보고 싶다. 주저하지 말고 미도식당으로 가자. 원당시장 내에 위치하고 있다. 이미 여러 방송을 통해서 맛집으로 정평이 나있는 미도식당. 마블링이 선명한 국내산 소고기부터 선홍 빛깔 신선한 돼지고기를 마음껏 먹을 수 있다. 테이블 비 1인당 3000원. 본전을 뽑으려면 대규모로 가서 많이 먹는게 유리하다.

5. 동아목욕탕

기숙사 생활하며 가장 아쉬운 점 하나가 기숙사에는 대중목욕탕이 없다는 것이다. 어린 시절 주말이면 아버지 손잡고 동네 목욕탕에서 때 밀고 지친 몸을 달래던 그 향수가 스멀스멀 올라온다면 가자, 동아목욕탕으로. 낙성대 4번 출구로 나와 02버스 종점 맞은편에 위치하고 있는 이 목욕탕은 고향에서 만나던 바로 그 목욕탕이다. 친구들과 알몸으로 대면해 진솔한 이야기를 하고 싶을 때, 학업으로 지친 몸을 녹이고 싶을 때 방문해서 따뜻하게 몸을 풀고 오자.

6. 밀향기칼국수

낙성대 2번 버스 종점에서 역 방향으로 걸어가다 보면 작지만 늘 사람들이 붐비는 칼국수집이 있다. 해물칼국수, 바지락칼국수, 돌솥비빔밥, 만두 등을 취급하는데 양도 푸짐한 데다 얼큰한 국물에 꼬들꼬들한 면 맛이 일품이다. 개인적으로 여태까지 먹은 칼국수 중에 가장 맛있었던 집!

7. 시골집

낙성대 쌈밥집으로 푸짐한 야채와 함께 삼겹살이나 제육볶음, 불고기 등을 먹을 수 있다. 실내는 넓은 편으로 개인 손님도 많지만 학교 연구실, 교직원, 학과 등 단체 손님 예약도 늘 많다. 점심 특선이 좀 더 저렴하므로 한 번 방문해보자.

● 녹두거리 쪽

1. 그날이오면

누구에게나 추억에 얽힌 장소라는 게 있기 마련이다. 수많은 음식점들이 나타났다 사라지더라도 가장 오랫동안 자리를 지키고 있는 곳이 바로 이곳이 아닐까. 서울대 녹두거리에서 이정표 기능을 하는 서점이다. 휴대전화가 보급되기 전까지만 해도 이 서점 앞에는 원통형 게시판이 있어서 과모임이나 동아리 뒤풀이 장소를 포스트잇에 적어 붙여놓아 사람들이 찾아올 수 있게 해주는 마을 광장 같은 곳이었다. 일반 서점에서 찾기 힘든 인문학 서적들을 구입할 수도 있는 전통을 간직한 서점이다.

2. 삐에스몽떼

'그날이오면'에서 10미터 정도 더 걸어가다 보면 나오는 녹두 대표 토착 럭셔리 빵집. 가격은 약간 세지만 직접 구운 다양한 종류의 빵들을 맛볼 수

있다는 점에서 입맛 까다로운 자취생들의 발길이 밤늦게까지 이어지는 곳이다. 크리스마스나 이벤트를 앞둔 시기에는 가게 앞 꼬마전구가 휘황찬란하게 반짝거려서 마음을 설레게 하는 곳이다.

3. 한림법학원

서울대 녹두거리의 끝에 위치한 고시학원이다. 이 구역에 접근해 갈수록 슬리퍼를 신은 트레이닝복 차림의 고시생들이 증가하는 것을 느낄 수 있다. 명강의를 홍보하는 전단지가 여기저기 붙어있다. 고시를 준비하기로 마음먹은 서울대생이 한번쯤은 거쳐 가는 곳으로 근처의 베리타스로 사람이 몰리고 있다는 소문도 있다.

4. 왕약국

서울대에서 왕약국이 유명한 이유는 엄청나게 신통한 의약품을 취급한다기보다는 신림2동(녹두)에 사는 자취생들에게 하나의 지정학적 좌표이기 때문이다. 처음 찾아오는 친구들에게 지리를 설명할 때 녹두지역의 중심부쪽에 있는 왕약국이 빠질 수 없다. 그래도 급체를 하거나 감기에 걸리면 찾아가게 되는 곳이 바로 이곳이니 그 이름이 오래 기억되지 아니할 수 없다.

5. 동학

녹두거리에서 유명한 전통주점. 집이 황토로 만들어진 것처럼 허름하고 나무판으로 만든 대문은 삐걱대는 소리를 낸다. 선배들이 후배들에게 처음

술을 사줄 때 많이 데려가는 편이다. 이곳의 오래되고 구수한 느낌과 어울리게 파전과 막걸리를 팔며 7080노래들, 특히 김광석의 노래가 나올 때는 향수에 젖게 된다. 통나무로 얼기설기 엮어서 복층 구조로 만들었는데 술 마시는 사람들을 보면 마치 벌집 안에 들어선 것처럼 정겹다. 한번쯤 가볼 만한 추억의 장소이다.

6. 참참참

녹두거리에서 떡볶이의 지존. 어릴 때 분식집에서 보았던 네모난 녹색 플라스틱 접시에 비닐을 씌워서 떡볶이를 많이 주신다. 맛은 옛날 맛 그대로 쫄깃하고 매콤하여 한번 온 사람들은 저절로 단골이 된다. 좀 비좁기는 하지만 오히려 그런 부대낌 속에서 수다가 피어난다. 떡볶이가 당길 땐 '참참참'에 가보시길.

7. 우동촌

보통 일식집에서 돈까스 1인분 값으로 여기서는 쓰리 콤보의 감동을 느낄 수 있다. 애피타이저로 간단한 죽이 먼저 제공되고 메인 디쉬가 나오는데 안심, 등심 돈까스의 육질은 타의추종을 불허한다. 4대일간지 맛코너에도 소개가 될 정도로 맛이 꾸준하다. 다 먹으면 수제 양갱이 나오는데 한천을 재료로 직접 만든 이것은 시원하고 달콤하여 1kg쯤 사다놓고 먹고 싶은 생각이 들 정도이다. 매실차도 함께 제공되거니와 마지막엔 츄파춥스도 주시니 잊지 말고 받아오시길.

서울대학교 학사 일정에 다양한 행사들이 있다. 공부만 하는 대학생활은 매력없지 않을까 싶다. 학교에서 진행되는 행사들을 미리 소개한다.

1. 새터

정확한 명칭은 '새내기 배움터'로 각 단과대별로 선배들이 프로그램부터 세부 일정까지 마련하고 진행한다. 정확한 시기는 단과대마다 조금씩 다르지만, 2월 중순 경 신입생 수강신청을 일정에 포함시키며, 보통 2박 3일 일정에 근교로 떠난다. 전체 프로그램도 있고, 단과대 동아리 공연, 과별 장기자랑, 친목 도모 등 특색 있는 프로그램이 펼쳐진다. 예전에는 민중가요와 마임(몸짓)을 배우는 것도 중요했으나 최근에는 아예 포함시키지 않는 단과대도 있다. 새내기의 경우 새터에 가지 않으면 입학 후 조금 소외감이 들기도 한다.

2. 입학식

3월의 첫 평일에 학교 체육관에서 개최된다. 보통 대학 입학식은 강제되지 않아 참석률이 그리 높지 않은데 서울대의 경우 많은 학부모님들이 함께 참석해서 자랑스럽고 애정 어린 눈으로 자식을 바라보다 정문에서 기념촬영까지 마치고 돌아가는 모습을 쉽게 볼 수 있다.

3. MT

학교생활에 익숙해질 4 · 5월경, 과 · 동아리별로 1박2일 정도의 MT

(Membership Training)가 진행된다. 보통 학과 · 동아리 전체 MT와 학번 · 기수 MT로 나뉘는데 가까운 강촌이나 대성리, 양평 등으로 떠나는 경우가 많다. 장보기, 저녁 짓기, 각종 게임 및 장기자랑, 진실게임, 음주가무 등 여러 가지 추억이 생겨나는 자리이다. 학번이 높아질수록 참석률이 현저하게 떨어진다.

4. 장터

역시나 MT와 비슷한 시기에 진행되며, 단과대 근처의 길목에서 과 · 동아리별로 날짜를 정해 하루 동안 음식을 팔며 돈독한 우애를 다지는 행사이다. 이 때 주로 과 · 동아리 티셔츠를 맞춰 입는 경우도 많다. 주요 메뉴는 파전, 순대볶음, 떡볶이, 군만두 등인데, 그리 맛이 있는 편은 아니어서 주로 손님은 해당 과나 동아리에 소속된 학생들인 경우가 많다.

5. 서울대학교 종합체육대회

학교 체육교육과에서 주최해서 매년 봄 · 가을에 진행하는 서울대학교 종합체육대회에서는, 각종 운동 종목 – 축구, 농구, 배구, 야구, 테니스, 배드민턴, 수영 – 별로 개인 · 단체전이 펼쳐진다. 리그 예선전과 토너먼트 본선을 거치는 등 치열한 접전이 벌어지며, 학생들의 체육에 대한 열기를 체감할 수 있다.

6. 교내 마라톤

학교 체육대회 프로그램의 하나로 교내 마라톤이 실시된다. 주로 문화관을 기점으로 해서 학교 전체 순환도로를 도는 10km 코스로 진행되며, 다른 종목에 비해 우열을 가린다거나 전문 기술을 요구하지 않으므로 남녀노소 학번 불문 다양한 사람들이 참가한다.

7. 학교 축제

서울대 축제는 5월 봄축제, 10월 가을축제, 두 번 기획되며 '축제를 준비하는 사람들'을 줄여서 '축하사'에 소속된 사람들과 총학생회가 주축이 되고 다양한 동아리·과가 참여하여 펼쳐진다. 예전에는 '서울대 축제 때는 사람들이 다 밖으로 나간다'라고 할 정도로 인기가 없었지만 나날이 발전해서 트램폴린, 장터, 국제음식축제, 각종 공연, 연예인 초빙, 영화 상영 등 다양한 프로그램들이 제공되고 있다.

8. 졸업식

대학교의 졸업식은 입학식과 마찬가지로 학교 체육관에서 개최되지만 졸업식 당일 각 단대별 공터나 광장에 모여서 가족, 동기, 선후배, 교수님들과 사진을 찍는 학생들도 인산인해를 이룬다. 참고로 학사·석사·박사로 갈수록 졸업복도 화려해지며, 석사부터는 단대별 띠를 두르고 있어 금세 알 수 있다. 2012년 2월 졸업식부터 검정색의 미국식 학위복에서 보라색 학위복으로 변경되었다.

4장

정춘이니까
우리 미래는
안전 긍정!

여름 방학 첫 날 아침, 학교 다닐 때는 입지도 않는 정장을 차려 입고 머리에 왁스를 바르고, 학교 기숙사를 나서 광화문으로 향했다. 캠퍼스 안에서의 정장, 왠지 어색하지만 지금은 학생이 아니다. 오늘부터 난 예비 직장인, 대학생 인턴사원이다.

인턴 근무 평점이 좋으면 공채 입사 시 혜택을 준다고 하니 다들 의지가 대단하다. '대학원으로 진학해서 계속 공부를 더 할 것인가? 아니면 대기업에 입사해 생활의 안정을 찾고, 내 회사를 위해 이 한 몸 받쳐 보람을 얻을 것인가?'에 대한 두 가지 안을 두고 고민을 하고 있을 무렵 인턴 서류 접수한 것이 운이 좋게 합격이 되어 6개월 동안 대학생 인턴으로 ○○회사에서 일할 수 있는 기회를 얻었다.

오전 9시까지 출근. 아침 8시, 2호선 지하철 안은 아비규환이다. 그날따라 출근길 지하철에서 본 사람들은 대부분이 와이셔츠에 넥타이를 맨 직장인들이었다. 힘들어 보였다. 직장인으로 보이는 연세 많으신 어르신도 꾸벅꾸벅 졸며 위태하게 지하철 손잡이에 몸을 의지하고 계셨다. 사람들로 꽉 찬 지하철 안은 더 이상 소화시킬 공간이 없어 보이는데도 사람들을 계속해서 집어넣고 있었다. 시간에 쫓기는 사람들이 필사의 힘으로 밀어 붙이기 시작한다. 지탱에 대한 의지를 잃은 나는 이리저리 치이며 사람들의 물살 속에 몸을 맡긴다. 첫 출근부터 혼이 쏙 빠진 상태로 회사에 첫 발을 디뎠다.

각 학교에서 온 대학생 인턴 동기들과 인사를 하고 부서를 배정받았다. 난 마케팅 부서에서 일을 하게 되었는데, '새로운 상품에 대한 트렌드와 관련해 시장 조사를 하고, 이를 상품에 잘 반영해서 광고를 할 때 어떤 부분을 중점적으로 부각시킬 것인가?' 하는 과제를 수행하게 되었다. 선배 사원들과 현장 조사를 하러 나가는 경우도 많았고, 여러 광고를 모니터 하며 의견을 자유롭게 주고받는 것이 주된 일이었는데, 하다 보니 적성에 너무 잘 맞았다.

직장의 분위기도 서로 가족 같이 잘 챙겨주는 분위기였고, 선배 사원들도 모두 유머감각이 뛰어나 멋있고, 내가 하는 일에 대해서도 세심하게 배려해주며 잘 챙겨주셨다. 회식이 많아 맛있는 음식도 많이 먹을 수 있었고, 시장 조사 할 기회가 많아 평소에 가보지 못했던 여러 곳을 방문해 견문을 넓히는 계기가 되었다. 평소 사람들과 쉽게 친해지고 격 없이 잘 어울리는 편이라 회사 생활에도 금방 적응을 했고 나중에는 이미 '이 회사가 내 회사다' 하는 애사심이 생기며 한 가족이 된 것 같은 기분마저 들었다. 이렇게 방학기간을 포함한 6개월 간의 인턴생활을 마무리하게 되었다. 날을 거듭할수록 회사에서 일하는 것이 정말 내 적성에 맞는구나 하는 생각이 들었고, 열심히 했다. 주위에서도 이런 모습을 좋게 봐주셨다. 회사 상무님께서 회식자리에서 "조 군, 만약 졸업 후 우리 회사에 입사할 생각이 있다면 내 적극적으로 추천함세" 하는 약속도 하셨다.

인턴이 끝날 무렵 많은 고민에 휩싸였다. 대학원 입학 원서를 내는 시기도 함께 다가왔기 때문이다. '아, 아무래도 공부보단 회사에서 일하는 게 적성인 것 같은데. 아니야. 고작 6개월 동안 보고 경험한 것이 전부겠어? 힘든 일도 많을 거야, 출근길 아침마다 지하철에서 봤던 힘들어 하시던 직장인 아저씨를 생각해봐, 너의 미래 모습이라구', '에이, 공부한다고 뚜렷하게 달라지는 게 있을까? 안정된 생활은 이제 어디에도 없어. 시간은 계속 간다고!' 예전에 MBC에서 코미디언 이휘재 씨가 나와 진행하던 인생극장, '그래, 결심했어!'를 혼자서 몇 번이나 찍었다. 한참을 고민했었다.

결국, ○○회사에서 만났던 가족 같던 여러 좋은 사람들과의 경험을 뒤로하고, 난 대학원을 선택했다. 아이러니하게 '학부 때 다른 활동들 한다고 진작 마음껏 열심히 공부를 못해봤으니, 대학원에서 제대로 마음잡고 공부 한번 깊게 해보자' 하는 생각에서 내린 결정이었다. 적성에 맞고 잘 할 수 있겠다고 생각했던 것보다, 당시에 부족하다고 여기고 더 못하는 것을 선택한 것이다.

시중에 판매되는 대부분의 자기계발서나 자기 분야에서 대성을 이룬 사람들의 조언을 보면 "자기가 좋아하고 즐기는 것을 해야 잘 할 수 있고 성공할 수 있습니다" 하는 것과는 정 반대의 선택을 했다. 그래서 이런 책들을 가만히 읽다 보면 '아, 내가 잘못 선택한 건 아닌가' 하고 불안하다. 하지만 분명 불안하고, 지금도 그때 당시에 내가 결심한 만큼 열심히 공부하고 있다고는 말할 수 없지만 선택에 대한 후회는 없다. 다시 그때로 돌아간다 해도 같은 선택을 했을 것 같다.

얼마 전 서울대학교 본부 앞 총장잔디 앞에서 대기업 리크루팅이 열렸을 때 ○○회사의 부스를 발견하고 반가운 마음에 달려갔다. 함께 시장 조사하러 다녔던 누나는 이제 사원에서 대리로 명함의 직함이 바뀌어 있었다. 오신 세 분 중 두 분이 아는 분이었는데, 반갑게 맞이해주셨다. 사은품 같은 것도 듬뿍 챙겨주신다. 정말 반가웠다. 그 길로 가지는 않았지만 사람, 직장에 대한 경험, 그에 대한 생각들에 대해 많은 것을 남겨줬던 인턴생활. 대학생이라면 꼭 취직을 준비하는 사람이 아니더라도 꼭 한번 경험해보면 좋을 소중한 기회인 것 같다.

나는 나비

애벌레가 세상의 끝이라고 부르는 그것을 우리는 나비라고 부른다.

- 리처드 바크 -

대학원 합격. 사실 내심 기대하고 있었다. 대학원 선배들은 학부 때부터 친근하게 봐왔던 형, 누나들이고 교수님도 4년 동안 봐왔던 분 아니신가. 연구계획서도 학부 때부터 연구실 형, 누나들이랑 상의를 하면서 차근차근 그 단계를 밟아왔고, 면접도 잘 봤었다.

언제나 그렇지만 합격이라는 단어를 확인한다는 것은 유쾌한 일이다.

대학교 4년 공부도 모자라서 더 공부를 하냐, 공부가 정말 좋은 것이냐고 물으시면 첫 번째는 '나도 잘 모르겠다'이고, 두 번째는 '결코 아니다'이다. 해마다 사정이 다르긴 하지만 서울대학교 특성상 학부를 졸업하고 대학원에 가는 비중이 다른 대학보다 월등히 높다. 내 동기들 18명 중 8명이 대학원에 진학했으니 거의 반이 대학원에 진학한 것이다. 그러면 이 동기들은 공부를 정말 좋아하고, 연구에 목을 매는 친구들인가? 하면 그것도 아니다. 물론 자기 분야에 대한 열정만큼은 대단해서, 그것이 자신이 나아가야할 빛이라 생각하며 달려든다. 상황은 다른 과도 비슷한 것 같다.

나의 경우도 학부 입학할 때부터 대학원에 진학해야지 하는 생각을 가지고 있었다. 대학원에 가서 석사하고, 외국으로 박사 과정을 받으러 가는 것이 낭만적인 케이스의 전형이라고 생각하고 있었다. 그러나 대학원에 와보니, 연구실이란 곳이 철부지 학부생이 생각했던 만큼의 무지갯빛 찬란한 공간이 아니라는 것을 알게 되었다.

학부 시절, 시험 때면 도서관 자리 맡는다고 한바탕 전쟁을 치르곤 했다. 그렇게 맡은 도서관 자리는 너무 비좁았고, 답답하고, 주위 사람 움직임에 신경도 많이 쓰이곤 했다. 방귀도 시원하게 한번 못 뀌고 뭔가 마시고 먹으면서 공부할 수도 없다. 수백 명의 사람들이 상기된 표정으로 한꺼번에 내뿜는 이산화탄소가 가득한 그 공간이 싫었다. 그럴 때마다 널찍한 자기 전용 자리 하나씩 가지고 있는 대학원 형, 누나들이 너무 부러웠다. 그렇게 자기 자리가 있고 책장이 있으면 공부도 더 잘될 것만 같았다.

'아, 나도 빨리 졸업하고 대학원 가야지' 했는데, 2009년 봄, 그렇게 취업을 결심한 절친한 동기 친구들이 취업 준비로 소위 말하는 빡센 시간을 보낼 때 나는 다른 동기들과 함께 여유롭게 대학원에 진학했다.

일주일에 두 번 있는 연구실 세미나에 들어가 무슨 말인지 이해되지 않는 박사 과정에 있는 형의 논문 주제 발표와 외국인 교수님의 코멘트, 전문용어가 난무하며 영어로만 진행되는 수업, 매주 나오는 논문 리뷰 숙제, 수업 조교일, 프로젝트 보고서 작성과 같은 생활에 할퀴고 치이다 보니 저절로 이거 내가 잘 찾아온 것 맞나 하는 의구심이 들 때가 많아졌다. 내 전용 좌석이 생겼지만 함께 캠퍼스에서 뛰놀고, 과제하고, 술에 취해 수업에 빠지며, 서로 대출해주다 걸리곤 하던 친구들의 생활과는 조금 달라진 내 생활. 친구들이 수강하는 수업에 수업 조교가 되어 들어가 시험 채점을 한다. 멀리서 친한 친구들이 이런 내 모습을 보며 킥킥거린다. 나도 내 모습이 낯설다. 왠지 거리감이 느껴진다.

확실히 공부에 대한 중압감은 더 커졌다. 대학원 와서 하는 연구라는 것이 학부 시절 시험 공부하듯 바로 바로 공부한 결과가 나오는 것이 아니다. 여러 논문을 읽어보고 페이퍼를 작성하려 해도, '와, 이 사람 어떻게 이렇게 잘 썼지?'라고 감탄만 할 뿐 뭔가 비슷하게 써보려고 하는 것조차 힘이 든다. 창의성 없는 내 머리 탓을 해본다.

하지만 이런 것보다 더 힘든 건 주변 상황의 변화다. 모든 것이 바뀌었다. 옆에서 힘이 되고 응원을 해주던 절친했던 동기 친구들의 부재. 구석자리에 앉아 조교로 시험 감독을 하던 내 모습을 바라보며 킥킥거리던 내 사랑스런 친구들은 하나 둘 각자 회사로 혹은 의학·법학 전문대학원으로 떠났다.

그대들이 보고 싶구나. 변하지 않은 건 학교와 이 기숙사라는 공간뿐이다. 오늘도 연구실에서 기숙사로 발걸음을 옮기며 친구들과 함께 했던 많은 추억들을 생각한다. 각자 같은 출발점에서 시작했었는데 이제는 서로 다른 꿈들을 가지고, 그것을 찾기 위해 서로 다른 곳을 향해 나아가는 과정에 있다. 굳이 비유를 하자면 같이 숲 속에서 살던 애벌레들이 서로 다른 색깔의 날개를 가진 나비가 돼서 서로 다른 세상으로 날아가고 있다.

이런 저런 회상을 하며 캠퍼스를 걸어 기숙사에 도착했다. 배가 출출해 900동에 있는 GS25에 들렀다. 시간은 새벽 1시가 넘었는데도 나와 같이 새벽 공부의 허기를 달래러 찾아온 사람들이 엄청 많다. 왠지 이 사람들을 보니 기운이 솟는다. 학부 때 함께 공부하던 친구들은 떠났어도 여전히 혼자는 아니구나. 다용도실에도 휴게실에도 곳곳에 공부하는 사람들이다. 라디오를 타고 가수 윤도현의

〈나는 나비〉라는 노래가 흘러나온다. 감정 이입 폭발이 일어나는 순간이다. 나도 컵라면 하나 후딱 비우고 다시 한 번 시작해볼까!

내 모습이 보이지 않아.

앞길도 보이지 않아.

나는 아주 작은 애벌레

살이 터져 허물 벗어,

한 번 두 번 다시,

나는 상처 많은 번데기.

추운 겨울이 다가와,

힘겨울지도 몰라,

봄바람이 불어오면,

이젠 나의 꿈을 찾아 날아 날개를 활짝 펴고,

세상을 자유롭게 날 거야,

노래하며 춤추는,

나는 아름다운 나비.

- 윤도현 〈나는 나비〉 중 -

어쩌겠는가, 이 또한 지나가겠지

●   '데구르르르….'

내 연필은 이걸로 오늘 책상 위를 무려 열한 번째 구르고 있었다. 마지막 열 번째로부터 정확히 10분 뒤였다.

"으아아아 귀찮아!! 이거 꼭 해야 해?"

1인실이라 옆 사람 신경 쓸 것 없이 마음껏 외친다. 지금의 내 모습은 굳이 보지 않아도 묘사할 수 있을 것 같다. 반쯤 감은 눈, 축 처진 어깨, 굽은 등. 공부하기 싫어하는 모든 사람들의 전형적인 모습이리라. 굳이 고개를 돌려보지 않아도 방 상태가 지금의 주인과 똑같다. 최근 너무 스트레스를 받았던 덕에 일주일 동안 방치한 결과가 이거다. 보일 사람도, 잔소리하는 사람도 없으니 1인실은 더러워

지려면 얼마든 더러워질 수 있다.

뚫어져라 펼쳐진 문제집을 쳐다본다. 『GRE VOCA』. 그도 그럴 것이 살아오면서 한 번도 들어본 적이 없는, 게다가 높은 확률로 앞으로도 별로 쓸 일이 없을 영어 단어를 들고 문제를 풀려니 이건 머리에 쥐가 날 지경이다. 그렇지만 'GRE'가 무슨 뜻인가. Graduate Record Examination, 시험 명칭에서부터 너무나 확실히 드러나 있듯이 미국 대학원으로 유학을 가려면 본인이 일정 수준 이상의 실력을 갖추고 있다는 사실을 증명해야 하고, 그걸 평가하는 시험이 바로 GRE이다. 그것도 작문, 언어, 수리 이렇게 영역도 나뉘어서. '과연 내가 이 점수를 딴다고 해서 유학 생활 중에 보다 수준 높은 영어를 사용할 수 있을까'라는 의문이 들지만, 어쩔 수 없다.

갑자기 지금까지 싫어하던 TEPS가 그리워진다. 웬만한 철인도 한눈 팔기 십상인 지루한 듣기라거나 뒤로 가면 문제를 꼬아서 순진한 사람의 본성을 흐리게 만드는 문법에 대해서는 학부 때 친구들과 몇 번 맞장구 쳐가며 이야기했는데, 이제 보니 그건 귀여운 수준이다. 게다가 GRE는 시험 점수도 누적이 되는 데다, 한 번 외국에 가서 시험을 치고 오면 드는 비용도 만만치 않다. 그리고 산 넘어 산이라고, 어찌어찌 GRE만 끝낸다고 해서 전부가 아니다. 내가 들어가고 싶어 하는 대학교에서는 TOEFL도 필수다. GRE에서 벗어나면 다음은 TOEFL 지옥이 대기하고 있다. Test of English as a Foreign

Language. 비영어권 국가의 학생들이 대학생 수준의 표준 미국식 영어를 이해하고 사용할 수 있는가를 체크하는 시험인데, 시험을 치러 본 선배들은 GRE가 TOEFL보다 그나마 쉽다고 한다. 왜 대학원용 시험이 대학생용 시험보다 어려운 거라고 따지고 싶지만 사실 그럴 정신도 없다. 시험을 보고 나면 본인의 소개와 학업적 성취, 앞으로의 연구 계획을 포함한 SOP도 써야 한다.

알면 알수록, 유학이란 그리 녹록치 않은 것 같다. 대학원 입학 → 영어 점수 획득 → 논문 프로포잘 → 외국 대학 지원 → 논문 작성 → 유학. 이렇게 도표로 그려보면 참 간단해 보이지만 외국 대학에서 얼굴도 생소한 유학생을 그리 쉽게 받아줄 리가 없지. 지금은 겨우 2단계일 뿐이다. 꾸욱 눌러가며 다시 연필을 든다.

어쩌겠는가, 이것 또한 지나가겠지.

위로가 되어준다는 것

타지생활에서 제일 서러운 때는 아플 때일 것이다.

어쩌다 감기에 걸려 비가 오는 날 눅눅한 기숙사 방에서 오한에 시달리며 이불을 덮고 누워있을 때 제일 서러운 것은 아무도 나를 찾아주지 않는다는 것이다. 그럴 때야말로 집 생각이 간절하다. 집에 있을 땐 이렇게 감기라도 걸려 아파서 누워있으면 진심으로 걱정하고 챙겨주시던 어머니. 내가 아플 땐 온 집안이 감기에 걸린 듯 그렇게 한 가족이 앓는 것을 치유하려고 마음분주하게 움직였었다.

하지만 대학생이 되어 홀로 살아가는 기숙사생은 사정이 다르다. 부모님이 괜히 걱정하실까봐 전화도 제대로 하지 않는다. 물론 함께 생활하는 룸메이트도 있지만 상냥하고 이야기를 많이 나누던 룸메이트는 종종 밤늦게까지 들어오지 않는 경우가 많다.

집에 전화해볼까? 그런데 곧 말자고 생각한다. 이까짓 감기쯤 약 먹고 곧 나을 텐데 괜히 부모님께 걱정을 끼쳐드리기 싫다. 죽을 것 같이 아픈 건 아니지만, 그래도 약간은 서글픈 심정이 가슴 저 끝에 서부터 밀려오기 시작한다. 에이, 이놈의 감기 왜 하필이면 나한테 붙은 거냐고 투덜거려도 본다.

그래도 강의 시간에 늦으면 안 된다. 띵한 머리를 붙잡고 느적느적 세수를 하고 학교로 향한다. 다행히 출석체크에는 성공했지만 교수님이 무슨 말씀을 하시는지 전혀 머리에 들어오지 않는다. 그냥 들어가 한잠 푹 잤으면 좋겠다고 생각한다. 헬렐레한 상태로 강의실을 나오는데 같은 과 동기애들이 호들갑을 떤다.

"어머, 얘 무슨 일이니. 너 오늘 얼굴이 안 좋아 보여."

"무슨 일이니? 어디 아프니?"

"어, 아니야. 그냥 감기에 걸린 것 같아."

이상하게 아프다고 잘 티를 내지 못하는 게 내 성격이라서 그런지 애써 괜찮아 보이려고 노력했던 것 같다. 도서관에 들러 책을 반납하고 과제물을 확인하러 과방에 갔는데 거기 앉아있던 한 동기가 내 이름을 부르며 가방을 뒤적거린다. 가방에서 종합감기약과 물약 같은 게 나온다.

"학생회관에 있는 보건소에서 감기약 받아왔어. 내 학생증 보여주고, 증상 얘기하니까 주더라."

감동이 폭풍처럼 밀려온다. 동기가 이래서 좋다는 거 아닐까.

"고마워, 잘 먹을게."

나중에 알바비라도 타면 고기라도 사 줘야겠다. 대학에 와서 얄팍
한 인간관계에 대해서 지레 두려움을 가졌던 게 사실은 다 내 잘못
이라는 생각이 든다.

내가 움직이는 만큼만 내가 믿는 만큼만, 우정이라는 것도 인간관
계라는 것도 깊어진다는 걸 나는 모르고 있었던 건 아닐까. 이렇게
한 번쯤 아파보는 것도 나쁘지는 않은 것 같다.

휴학 권하는 사회

5월인데도 왠지 학교에서 기숙사로 돌아오는 길은 멀기만 하다. 조금 이르지만 거실에 있는 에어컨이라도 틀어버릴까 생각하며 현관문을 여니 건넌방 하우스메이트가 주섬주섬 짐을 싸고 있다. 한동안 조금 어두운 표정을 짓고 있더니 내일 부로 학과에 휴학계를 제출할 거란다. 방에 돌아와 책상 앞에 앉으니 '휴학'이라는 어감이 왠지 나까지 싱숭생숭하게 만드는 것만 같다.

신입생 때는 휴학이란 막연하게 입대하는 남자 선배들이나 그 당시 많지도 않았던 어학 연수생 선배들이 하는 것으로만 생각했다. 힘들었던 고등학교 시절을 뒤로 털어버리고, 눈앞에 신기하고 즐거운 일들이 펼쳐진 마당에 학교를 쉬다니, 그런 건 상상하기도 힘들었으니까. 그리고 솔직히 말하면 '한 템포 느리게 간다'는 말이 그다지 익숙하지 않았다. 왠지 휴학은 학교에 적응하지 못해 하는 것만 같았고 정말 발전적이고 거창한 이유 없이 하고 싶지 않았다.

그렇지만 2학년이 되고, 3학년이 되면서 적지 않은 수의 선배나 동기, 후배들이 휴학을 하는 모습을 보게 되었다. 그중에는 친한 선배들도 포함되어 있었다. 고시 준비, 건강상의 이유, 실연, 자아 찾기…. 이유는 다양했다. 휴학생들은 홀가분하지만 조금은 불안한 얼굴로 이야기를 한다. 앞으로 잘 되어야 할 텐데라고.

왜 휴학을 하게 될까. 요즘 세대들은, 또는 여자애들은, 또는 잘 사는 집안 아이들은 깍쟁이같이 자기가 해야 할 일을 미리 생각해놓고 1학년부터 척척 해낸다는 얘기도 있지만 직접 보면 그런 경우는 흔치 않다. 모든 게 신기한 신입생 시절은 이것저것 체험하다 보면 금세 지나가고, 2학년은 1학년 때 부족한 부분을 채우다 보면 끝나며, 3학년 때가 되면 덜컥 미래에 대한 고민이 짙어지기 시작하고… 그러다 보면 정말로 뭔가 결단할 4학년을 맞이한다. 아직 '이 길이다'라는 확신이 드는 것도 아닌데. 갑자기 지난 시간을 충실하게 보내지 못한 게 후회되기 시작하고 불안해진다. 그러한 시간의 흐름 속에서 3학년 또는 4학년 때 잠시 쉬어가고 싶은 휴학의 유혹은 커진다.

휴학은 양날의 검이 될 수 있다. 사실 반 년, 1년 정도 느리게 간다 해도 별 문제는 없다. 중 · 고등학교 시절 유급이 가지는 무게와 부담과는 사뭇 다르기도 하고. 오히려 방황하다 휴학을 한 친구가 확실한 목표를 가지고 돌아와서 전과를 하거나 가장 열심히, 그리고 즐겁게 전공에 매진하는 경우도 있었다. 어학연수에 다녀와서 취직할 때 이력 사항으로 넣기도 하고, 세상을 보는 눈이 넓어져서 돌아오기도 한다. 오히려 빨리빨리 하며 나아가다 일찍 취직한 직장을 그만두고 조기 졸업 후 대학원까지 가서 적성에 대해 고민하는 경우도 있다. 반면, 어중간한 각오로 휴학을 하고 반년 뒤 그대로 돌아오는 경우도 많다. 뭘 했냐 하면 집에서 늦잠 자고, 동생 보고, 과외 한두 개를 하며 기분 전환 겸 쉬었다고 한다. 나쁠 건 없지만 별다른 고민이나 문제가 없는 상황에서 생각 없이 반년씩이나 보내는 건 그리 좋지는 않다고 생각한다.

중·고등학교 때 그렇게 벗어나고 싶었던 시간표, 야간자율학습, 보충수업에서 벗어나 자유를 만끽할 수 있는 대학교에 왔지만, 그 자유가 그렇게 녹록한 것은 아니다. 그러고 보면 휴학은 스스로 무언가를 선택하고, 거기에 대한 책임을 지게 되는 대학 생활의 냉정한 일면을 잘 보여주는 예 같다는 생각도 든다. 부디, 나중에 본인의 선택에 대해 웃으며 돌아올 수 있기를.

기숙사 기인

　　기숙사에 들어와서 얼마 지나지 않아 참 이상한 광경이 목격되었다. 이상한 아저씨가 밥을 먹지도 않는데 식당 안을 한참이나 왔다갔다 혼자 중얼중얼 거리면서 활보하는 것이었다. 아저씨는 약간은 짤막한 키지만 수염이 무성하게 자라있고 머리도 잘 감지 않는지 떡이 져 있었으며 얼굴은 크고 눈빛은 부리부리해서 접근하기 쉬워 보이지 않았다. 아저씨는 누구에게도 말을 걸지는 않았고 여태껏 다른 이에게 피해를 주거나 한 적은 없다고 했다. 그래서 그런지 사람들도 모두 이런 아저씨의 존재를 아무도 신경 쓰지 않는 것처럼 보였다. 도대체 이 아저씨의 정체는 무엇일까?

　　그래서 기숙사 식당에서 밥을 먹을 때마다 그 아저씨는 본의 아니게 나의 관찰대상이 되어야 했는데, 나도 그 아저씨를 관찰하는 것이 썩 달가웠던 것은 아니다. 눈에 뜨이기 때문에 어쩔 수 없이 호기심을 가질 수밖에 없었다.

나의 이 궁금증은 같은 기숙사에 사는 선배님 덕분에 풀 수 있었다.

"저 아저씨. 유명한 분이야. 기숙사 발바리라고."

"네? 기숙사 발바리라고요?"

선배는 조용히 다음과 같은 이야기를 내게 해주었다.

어느 날 선배는 나처럼 그 아저씨에 대한 궁금증을 이기지 못해 체육과에 다니는 동기와 아저씨의 정체를 캐기로 결심했다. 캐는 방법은 바로 예를 갖추어 대하는 것. 지금의 신축 대학원 기숙사가 지어지기 전에는 넓은 돔형의 기숙사 매점이라는 것이 있었단다. 거기에는 의자도 있고 토스트 가게도 있고 심지어 무료 당구대도 있었다고 한다. 물론 당구대 상태가 형편없긴 했지만….

그때 선배는 아저씨에게 다가가 정중하게 술 한 잔 대접하고 싶다는 말을 드렸단다. 아저씨는 당황한 기색도 없이 의연하게 '그러면 그러자'라고 대답했고 선배와 선배의 친구는 소주 다섯 병, 과자, 오징어 등을 풀어놓았다. 그리고 아저씨의 정체를 물어보았는데 듣고 보니 기숙사 발바리 아저씨는 슬픈 사연을 가지고 있었다. 물론 그 아저씨의 말을 전적으로 신뢰한다면 말이다. 자신이 군대에 있던 젊은 시절, 선임병에게 고통스런 성적 추행을 당함으로써 정신이 살짝 이상해졌다고 했다. 그런데 신기한 것은 자신이 이상하다는 사실을 알고 있다는 점이다. 그리고 사실 자기는 이 학교(서울대학교) 동문이라고 했다는 것이다! 자신은 수학과를 졸업했으며 촉망받는 학생이었다고 했다. 선배는 이 놀라운 사실을 처음 듣고 나서 믿을 수 없었기 때문에 아저씨에게 수학에 관한 질문을 했는데 그 아저씨는 막힘없이 술술 수학에 관한 전문용어를 쓰면서 대답을 해냈다고 했다. 오, 놀라워라 기숙사 발바리가 서울대 출신이라니.

그 아저씨의 주장이 사실이라면 그것은 참으로 안타까운 일이다. 우리 인생의 어느 한 고비를 넘기지 못하고 나약한 정신이 엇나가버리는 일은 꼭 특수한 누군가에게만 일어난다고 볼 수는 없기 때문이다. 그리고 촉망받던 한 사람이 꿈과 희망을 잃어버리고 쳇바퀴 돌 듯 매일매일 의미 없는 반복에 자신을 던져버린다는 사실은 참 슬픈 일이다.

그날 선배는 아저씨와 취할 정도로 대작을 했다고 한다. 그리고 돌아가시는 아저씨에게 깍듯이 인사를 하며 선배 대접을 해드렸단다. 그 이야기를 듣고 난 이후 나는 '사람은 무엇으로 사는가'라는 의문을 갖기 시작한 것 같다. 잘나든 못나든 우리는 이렇게 한 세상을 살아가는 같은 인간이니까 말이다.

복학생 로망스

    새벽 5시, 장세용의 〈Shining in the morning〉이 휴대전화 틈새로 흘러나오며 잠에서 깬다. 기지개를 펴고, 눈을 비비며 파자마 차림으로 터벅터벅 걸어 나와 신문을 찾아와 펼치고, 사과를 입에 하나 물고 창문을 열어 환기를 시킨다. 아, 2년 반만의 학교생활 시작이구나. 샤워를 하고, 머리를 만지고, 어제 밤에 준비해 놓은 새 필통과 새 노트, 노트북을 가방에 넣고는 가장 산뜻한 차림의 옷으로 골라 입고 학교로 발걸음을 옮긴다. 초등학교에서 중학교로 넘어가 처음 등교할 때 느꼈던 이 설렘, 혹시 촌스러워 보이진 않을까?

    이제부터 난 복학생이다.

    내가 대학교 1~2학년 때 만났던 복학생 형들은 모두 하나 같이 대하기가 힘든 사람들이었다. 뭔가 어색한 느낌의 사람들. 다소 무뚝뚝하고 말이 없었으며, 어떻게든 재미없는 농담을 툭 툭 던지며 우리와 친해 보려고 노력하는 모습이 안쓰럽기까지 했었다. 그리고 동기 여학우들에게 어떻게든 어필하려고 노력하는 모습에서 어색함을 느끼기까지 했었다. 하지만 우리의 이런 염려는 기우였다. 그해 우리 동기 여학우 여덟 명 중 다섯 명이 복학생 형들이랑 사귀게 되었으니 말이다. '그들에겐 어떤 치명적인 매력이 있는 것일까?' 하고 친구들이랑 진지하게 고민해봤던 적도 있는 것 같다.

1학년 때는 동기들이랑 어울려 다닌다고 복학생과 마주하는 일이 별로 없었고, 전공에 진입한 후 2학년 때는 복학생 형들이랑 조금씩 어울릴 기회가 있었다. 그들과 함께 지내다 보니 처음에 느꼈던 거부감과는 달리, 닮고 싶은 좋은 모습이 많다는 걸 알 수 있었다. 그들은 진로에 대해 진지한 고민을 하고 있었고, 생각도 우리보다 깊었으며, 공부도 열심히 했고, 리더십도 있었다. 언제나 자신감 가득 찬 모습에서 우리들에게는 없는 무게감이라는 걸 느낄 수 있었다.

지금 나를 불안하게 하는 건 내가 복학생을 처음에 대하며 느꼈던 것과 똑같은 느낌을 내 후배들도 받고 느끼겠지 하는 데서 오는 불안함 내지 불편함이다. 제일 먼저 교실에 들어갔다. 전체 교실을 바라 볼 수 있는 제일 뒷좌석에 앉아 생각한다. '최대한 웃으면서 부드럽게 애들을 맞이해야겠다.'

준비해온 수업 교재를 펴고 천천히 읽어 보고 있는데 후배 같은 애들 두 명이 들어온다. '인사해야지, 인사해야지' 몇 번을 다짐하고 인사를 건네려는 순간, 그 아이들이 먼저 인사를 한다.

"안녕하세요."

"……"

난 걔들을 한번 무표정하게 스윽 보고 화난 표정으로 "어, 그래"라고 했다. '아, 망했구나. 이게 아닌데.' 남자들만 있는 군대에 익숙해져 있는 데다 경상도 남자 병이 또 도졌다. 인사한 후배 여자애들이 머쓱해하는 것 같다. '아, 진짜, 망했어.'

자책하고 있는 사이 이번에는 남자 후배로 보이는 학생이 들어온다. '그래, 이번에는 내가 먼저 반갑게 인사해야지' 하고 자리에 일어나 후배에게로 다가가 거칠게 손을 쭉 내밀었다.

"안녕, 난 03학번 조장환이라고 해, 만나서 반갑다. 군대 갔다가 이번에 복학했어."

어랏! 근데 애 표정이 좀 이상하다. 썩은 미소를 살짝 보이더니, 말한다.

"그래, 반갑다. 난 01학번 원종태, 예전에 복학했어."

앞의 여후배들이 킥킥 웃으며 쓰러진다. 아침에 샘솟았던 내 자신감은 다 사그라졌다. 이제는 의기소침해져서 제일 뒷좌석에 엎드려 멍하니 있었다. 활기찬 후배들이 몇 명 더 들어오고, 난 타과 사람인 양 안중에도 없다. 내 입지는 더 이상 설 곳이 없는 것 같다. 개똥벌레 노래 생각이 난다. 난 외톨이, 개똥벌레.

그렇게 풀이 죽어 꿔다 놓은 보릿자루 마냥 구석에서 멍하니 있는 내게 들리는 소리.

"엇, 장환이 아이가, 니도 복학했나?"

어둡고 긴 터널 속에서 지쳐 쓰러지려고 하는 찰나에 저 멀리서 비치는 한 줄기 빛. 내 동기 재호다.

"아, 너도 복학했구나."

미치도록 반갑다. 그리고 이어서 지용이, 진환이, 정필이, 동현이, 지홍이. 거짓말 같이 복학생 용사들이 차례로 의기소침한 모습으로 들어오니, 후광이 비친다. 귓가에 JOE DASSIN의 〈Les Champs-Elysees〉가 울려 퍼진다. '오~ 샹젤리제.' 뒷자리가 시끌벅적하다. 점점 소리가 커지며 우리들만의 강한 영역을 구축해간다. 후배들의 표정을 보니, 딱 2년 전 복학생 형들을 바라보던 내 모습 그대로다. 너무 그렇게 보지 마, 너희들도 곧 우리들의 거친 매력에 흠뻑 빠지게 될 테니까!

한 개그 프로그램에서 복학생 캐릭터가 크게 인기몰이를 한 적이 있었다. 복학생, 겉으로는 무뚝뚝하고 무섭게 보이지만 그들도 그들을 바라보는 후배들과 마찬가지로 같은 학생이었다. 나라를 지키기 위해 학교를 잠시 떠났다가 다시 돌아온 그들. 내면에는 여린 속을 가지고 있고, 후배들과 친하게 지내고 싶은데 말 못하고 가슴만 졸이는 친구들이 대부분이다. 학교에서 복학생을 만난다면 먼저 다가가 밥 한 끼 사달라고 해보자. 후배의 작은 용기에 그들은 크게 기뻐할 것임이 분명하다.

내가 가는 이 길이 어디로 가는지

눈을 뜨니 방 창문으로 환한 햇빛이 비쳐 들어오고 있다. 묘하게 조용하고 인기척이 없는 기분이 들어 옆을 봤더니 부지런한 룸메이트는 이미 나가고 없는 듯하다. 평소였다면 "좋았어!! 이럴 때 부담 없이 게임이라도?"라고 외칠 법도 하건만 최근에는 영 그런 기분이 들지 않는다. 선명한 햇살은 주말 오전에 멍하니 누워있는 나에게 묻기라도 하는 것 같다. '지금처럼 하루하루 살아가도 괜찮아? 넌 뭘 할 건데?'

고학년이 되고 나니 확실히 예전보다 미래에 대해 진지하게 걱정하게 된 것 같다. 좀 일찍부터 고민하고 착실히 준비했으면 오죽 좋았겠냐는 생각도 들지만 원래 늦다고 생각했을 때가 가장 빠른 법이니. 일반적으로 대학생이 택할 수 있는 진로는 크게 세 가지가 있는 것 같다.

첫 번째는 대학원 진학. 그 목적이 학창시절의 연장인지, 적성 재 탐구인지, 아니면 확고한 관련 분야 전문가가 되는 것인지는 각자 달라도 예전보다 대학원 진학 비율은 꽤 높은 편이다. 사실 같은 과 대학원에 진학하는 경우 관련 정보도 얻기 쉽고 지금까지 죽 공부해 왔던 내용이라 비교적 편한 마음으로 택할 수 있다. 두 번째는 고시 준비이다. 이 경우에는 주로 졸업을 하지 않고 휴학 상태에서 학원 을 다니거나 동영상 강의를 들으며 종일 공부를 한다. 그리고 마지 막으로 회사에 취직하는 길이 있다.

최근에는 바로 취직하고 싶다는 생각이 부쩍 강해졌다. 경제적으 로 보다 안정적인 삶을 살고 싶기도 하고, 불투명하고 보장되지 않 은 미래도 싫고, 실제 사회를 경험하고 싶은 나에게 매력적인 선택 지이니까. 그렇지만 지금 몸담고 있던 전공에서 인정받는 교수나 연 구원이 되고 싶기도 하고, 안정된 고급 공무원의 삶에 대한 꿈도 바 로 놓아버리기는 어렵다.

이런 고민이 들 때 최근 자주 찾아가는 곳이 있다. 바로 학교 커뮤 니티인 '스누라이프'. 이곳의 취직 게시판에는 구직에 관심 있는 재 학생들의 문의, 현직 선배들의 답변이나 조언, 특정 시기 공채나 면 접에 대한 후기, 취직 상담, 회사에서 겪은 에피소드 등 은근 다양하고 재미있는 글들이 많이 올라온다. 특히 비슷한 처지에 있는 사람이 쓴 '문과 계열인데⋯.' '학점이 좋지 않은데⋯.' '고시 경력이 긴데⋯.' 등의 글을 읽게 되면 맞장구를 치며 걱정하기도 하고 그래도 난 좀 낫네 하며 위안을 받기도 한다. 읽다 보면 솔직히 학부생인 나로서는 쉽게 상상하지 못할 일들도 많다. 서울대 출신이 이것도 못하냐며 욕을 먹기도 하고, 장기자랑을 잘 못한 게 심하게 혼나는 이유가 되기도 한다. 추가 근무를 밥 먹듯이 한다고 한탄하는 글의 댓글로 밤 12시에 퇴근하면 감사하다는 하소연이 달리기도 한다. 큰 포부를 품고 갔는데 주어진 일은 복사와 정수기 물통 교체하기인 경우도 있어서 마치 지어낸 이야기 같기도 하고 믿어지지 않는 사례도 많다.

선배들은 웬만하면 좋은 회사에 들어가 만족스러운 연봉을 받고 여유 있고 세련된 생활을 즐기고 싶어하겠지만, 조금만 사회생활을 해보다 보면 연봉은 퇴근 시간의 연장이나 일의 강도에 비례한다는 사실은 미리 알고 있어야 한다고 충고한다.

바로 옆에는 고시 게시판도 있다. 이곳에는 고시생들의 눈물 없이 들을 수 없는 이야기들이 펼쳐진다. 눈 뜨면 아침을 준비하며 녹음해 둔 민법 강의를 듣고, 적당히 옷을 걸치고 독서실로 직행한다. 두꺼운 책과 씨름하다 보면 계속 집중이 될 리는 없고, 그러다 거울에 비친 자신의 모습을 보면 예전의 반짝반짝하던 때가 떠올라 눈물이

핑 도는 경우도 있다고 한다.

근처의 고시 식당에서 점심을 먹고 나면 다시 공부. 책상으로 돌아와 공부하다 조금씩 졸다 집에 돌아가면 오늘의 동영상 강의가 기다리고 있다. 대충 사 온 저녁을 먹고 다시 공부. 잠들기 전에 '내일은 더 열심히 해야지'라고 다짐하며 눈을 감는다. 아침이 오면, 어제와 똑같은 일상. 그리고 그 일상은 고시에 합격하거나 포기하기 전까지는 끝없이 이어질 예정이다.

스트레스를 받아 끼니를 거르며 공부하다 영양실조에 걸려 링거를 맞느라 되레 며칠간 아무 것도 못하기도 하고, 예쁘고 멋지게 꾸미고 다니는 또래들을 보면 공부고 뭐고 내팽개치고 떠나고 싶지만 다시 스스로를 타이른다. '언젠가는 성공해서 이때의 고생을 보상받을 만큼 멋지게 사는 거야.' 그런 일상의 반복. 쉬운 일은 없다는 생각이 들게 만드는 이야기들이 많다.

결국 그 무엇보다 중요한 건 어떤 길을 왜 걸어가고 싶은지, 자신에게 중요한 가치는 무엇인지 진지하게 고민하고 답을 내려야 한다는 사실 같다. 그래야 힘든 상황에 처해도 꿋꿋이 해나가고, 그 길에서 보람을 찾아낼 수 있을 테니까.

가난한 대학원생의 노래

● 　　연구실 사람들끼리 같이 저녁을 먹고, 어쩌다 오게 된 기숙사 카페그랑에 둘러 앉아 담소를 나누는데, 한 선배가 슬며시 이야기를 꺼냈다.

"얼마 전에 여자 친구가 자기 친구들이랑 나눈 이야기를 해주는데 은근 기분이 묘하더라구."

얘기를 들자하니, 여자 친구한테는 세 명의 베스트 프렌드가 있는데 한 명은 남자 친구가 의사, 한 명은 대기업 신입사원, 한 명은 사법고시 합격생이란다. 어쩌다 서로 남자 친구 자랑을 하게 되었는데 '우리 오빠 한 달에 몇 백씩 번다', '우리 오빠 이제 합격했으니 탄탄대로지'라는 말이 오갔다고. 선배는 작은 한숨을 내쉬더니 우리를 쳐다보았다.

"…걔는 뭐라고 했을까?"

"너 같으면 하겠냐? 우리 오빠는 대학원생이고, 한 달에 80씩 벌어요. 허허."

넉살 좋은 한 명이 냉큼 말을 이어 받았다. 순간 분위기가 숙연해진다. 농담을 한 당사자조차도 조금 씁쓸한 얼굴을 하고 있다.

사실 어떤 길을 택하더라도 힘든 부분이 있다. 인생이란 게 그렇게 순탄하지도 않을 뿐더러, 원래 계속해서 해결해야 할 과제들이 있는 것이 인생이니까. 그렇지만 직장인들은 지치고 힘들어서 그만두려다가도 월급통장을 보면서 다시 기운을 낸다는데, 대학원생은 그런 경제적인 부분에서 위안받기 어렵다. 지금 당장 생계를 유지할 수 있을 정도의 수입이 있고, 학비를 마련한다 해도 학위 과정을 마치고 앞으로도 계속 살아갈 수 있을까에 대한 불안감도 있고. 오죽하면 대학원생 남자들끼리 자주 주고받는 농담이 있다. 여자들이 결혼하기 싫어하는 순위는 1위 군인, 2위 대학원생, 3위 시간강사라고.

사실 답은 알고 있다. 더 많이 알고 싶어서, 원하는 목표가 있어서 좀 더 돌아가기로 자신이 선택했다는 사실을. 경제적으로는 보다 늦을지 몰라도 또 다른, 나만이 할 수 있는 영역에서 발전하고 있다는 것을. 그렇지만 확실히 졸업 후 바로 취직해서 사회생활을 하고 있는 친구들의 소식을 들으면 조금 약해지기 마련이다. 이럴 때는….

"자아, 기운 내자고요. 고생 끝에 낙이 온다는데, 10년 뒤에 만나면 다 자신의 길을 찾아서 언제 그런 고민했지, 하며 살아가고 있을 거예요."

"하긴, 열심히 하다 보면 뭐든 안 되겠어?"

"스트레스에는 단 게 좋다고, 우리 카페 그랑에 케이크나 먹으러 갈까? 내가 살게."

노력해서 해결될 일이면 고민하는 시간에 기분전환이라도 하고 노력하는 게 가장 좋다. 그런 기분 전환의 시간에 비슷한 목표, 비슷한 생각을 하며 걸어가고 있는 주변의 대학원생들만큼 든든한 건 없다. 다들 비슷한 생각을 하고 있으니까. 그렇게, 조금 마음 아픈 일이 있을 땐 서로 위로해가며 계속해서 걸어갈 수 있겠지.

가난하다고 해서 왜 모르겠는가.

그렇지만 가난하기 때문에 이것들을.

이 모든 것들을 버릴 필요는 없다는 것을 안다.

꿈을 짓습니다! - 해비타트

- Life is an exciting business and most exciting when it is lived for others(인생은 재미있는 사업이고, 다른 사람을 위해 살았을때 더 재미있어진다).

- 헬렌켈러 -

중·고등학교 시절 수행평가 점수를 위해 시청이나 우체국을 돌아다니면서 했던 형식적인 봉사활동 말고, 뭔가 대학생으로서 할 수 있는 역동적이고, 봉사할 수 있는 대상에게 직접적인 기여를 할 수 있는 봉사활동은 없을까 하고 고민을 하고 있던 중 '해비타트'라는 문구가, 벤치 앞에 앉아 다리를 쭉 늘어트리고 대학 신문을 보고 있는 내 눈에 확 들어왔다. '그래 바로, 이거야.' 그리고 곧 여름 방학 춘천에서 하는 일주일간의 해비타트 봉사활동에 참여할 수 있는 기회를 누리게 되었다.

30도를 훨씬 웃도는 찌는 듯한 더위, 춘천 해비타트 공사 현장에는 전국에서 모인 일반인들과 대학생 200명, 외국인 자원봉사자 100여 명 등 총 300여 명의 자원봉사자들이 모여 있었다. 이제 이들과 일주일간 총력을 기울여서 무주택 서민들을 위한 집짓기 건축 공정을 완료해야 한다. 기초 공사는 완료가 되어 있는 상태였고, 우리는 내부 작업을 하기로 했다. 자원봉사 활동자들끼리 서로 인사를 나누고 조를 배정 받았다. 각자 배정 받은 위치에 투입이 되고, 작업반장님의 지시에 따라 신속하게 작업이 시작되었다.

나는 2동 202호의 석면, 석고 작업 조에 배정 받았다. 다른 학교에서 온 친구들과 직장인 아저씨, 그리고 일본인 친구와 캐나다인 친구 이렇게 일곱 명이 한 조를 맡게 되었다. 날은 미치도록 더웠고 땀이 비 오듯 안전모 사이를 타고 흘러내린다. 이러다 탈수할 것 같다.

좋은 마음으로 의욕 있게 시작했지만 자재는 무겁고, 보안경 사이로 들어오는 석면 가루에 눈은 따갑다. 설렁 설렁 할 수 있는 활동이 아니다. 살짝 후회하는 마음이 생긴다. '아, 내가 지금 이 황금 같은 방학 기간에 왜 사서 이런 고생을 하고 있는가?'

푸념을 하며 죽을상을 하고 무거운 석면 더미를 옮기고 있는데,

어느 여대에서 왔다는 친구 두 명이 해 맑은 얼굴로 옆 벽에 석면을 붙이고 있다. 노래까지 흥얼거린다. 보안경 사이로 흘러내리는 땀방울에 눈이 반짝거린다. 아름답다. 난 이때 처음으로 화장한 여자보다 열심히 일해서 송글송글 맺힌 땀방울 흘리는 여자가 훨씬 더 아름답다는 것을 깨달았다. 넋을 잃고 한참을 바라보다 반성하고 다시 열심히 일을 하기 시작했다.

쉬는 점심 시간에 우리가 지은 집에서 거주하게 되실 분들이 오셔서 연신 감사하다고 인사하는 모습을 보며 좀 전에 내가 가진 생각이 얼마나 부끄러웠던 것인가를 느꼈다. 그렇게 점심 식사 시간이 끝나고도 저녁 6시까지 고강도의 건축 작업은 이어졌고, 우리는 여러 자재와 씨름을 해야 했다.

하지만 이때 처음 알게 된 팁, 이런 대규모 봉사활동을 가게 되면 하루 종일 이렇게 고된 노동만이 있는 것은 아니었다. 밤이 되면 하루의 노고를 스스로 치하하는 뒤풀이 행사가 열렸는데, 여러 학교에서 온 친구들과 직장인 아저씨들, 외국인 친구들과 서로 어울리고 친하게 지낼 수 있는 계기가 되었다.

마침 이 봉사활동을 하는 시기가 춘천에서 축제를 하는 기간이었다. 호반의 도시 춘천. 태어나서 처음 와보는 곳이었기 때문에 모든 것이 신선하고 새롭게 느껴졌고, 밤에 펼쳐지는 야시장, 폭죽들이 한데 어우러져 멋진 장관을 연출하는 것을 보고 마음이 두근거렸다.

낮에는 개미처럼 일을 하고, 밤에는 날개 달린 베짱이가 되어 꿈같은 도시 축제의 향연을 즐겼다. 일주일간 이렇게 보내고 나니, 이런 생활도 참 괜찮구나, 힘쓰는 공사 일에 엄청난 재능이 있구나 하는 것을 새삼 느끼며 미소를 지어본다.

비록 낮에 일이 고되더라도 밤마다 열리는 축제에 힘든지 모르고 일주일이 갔다. "집보다 소중한 것을 짓자"라는 테마로 진행되었던 해비타트 활동이 끝이 났다. 마지막 날 밤 입주예정자 분들의 감사 인사가 있었고, 우리는 함께 했던 동료들과 석별의 아쉬움을 노래했다.

그 와중에 여러 조에서 커플들이 생겼다. "이 사람들, 일은 안 하고 어디서 숨어서 연애만 한 거야?" 하고 시기 어린 핀잔을 던지지만 다들 마음이 훈훈하다. 같은 조에서 석면을 붙이던, 보안경 사이로 반짝이는 눈을 가진 아름다운 그 친구도 내 옆에서 손을 잡고 있다. 일주일 그 뙤약볕에서 하루 종일 붙어서 일하고 밤에는 축제를 즐기고 했으니 다들 정들이 많이 쌓였다. 이별이 슬퍼 우는 동료들도 있었다. 멋진 경험이었다.

나는 단순한 집이 아닌 행복한 가정을 건축하며 사랑과 봉사를 나누는 삶을 체험했다. 집이 없는 분들을 위해서 집을 지어주는 그 현장에서 많은 사람들과 함께 땀방울을 흘리면서 뭔가 내가 할 수 있는 일이 있구나 하는 보람을 느낄 수 있었고, 일하는 것이 힘들기도

했지만 다른 사람들이 살아가는 데 힘이 돼 줄 수 있다는 기쁜 마음
으로, 보람이기보다는 오히려 내가 감동을 받고 돌아가는 길이 되었
다. 잊을 수 없는 동료, 사랑, 친구들도 남았다.

아직도 춘천을 떠올리면, 풍성한 열매를 맺기 위해 한 여름 뜨거
운 햇볕을 쬐어야 하는 열매들처럼, 그 해 타인의 행복하고 풍성한
미래를 위해 이마에 흘렸던 우리들의 굵은 땀방울과 동화 같았던 밤
의 로맨스가 떠오른다.

참 다행이다

살아가다 보면 정도의 차이는 있지만 어느 순간, 삶의 무게가 느껴질 때가 있다. 주변의 기대, 해야 할 수많은 일들, 보이지 않는 미래, 자신과는 달리 훌륭하게 잘 살아가는 친구들. 그러다 보면 열등감, 압박감, 좌절, 허무, 초조함 등의 감정에 사로잡혀 도망치고 싶거나 끝내는 싶다는 생각을 한번 정도는 해본 적이 있을 것이다. 사실 여기까지는 누구나 마찬가지지만 명문대생의 우울증이나 자살은 좀 더 이슈로 다루어지곤 한다. 좋은 대학에 입학해서 남부러울 것 없어 보이는데 자살이냐는 생각이 깔려 있는 걸까.

터덜터덜 동 현관으로 들어서는데 근무하고 있던 기숙사 동조교가 괜찮으면 잠시만 쉬어가라며 다급히 붙든다. 최근 논문 때문에

스트레스를 많이 받았더니 표정이 말이 아니었나보다. 조교실에 들어서자 조교가 모락모락 김이 올라오는 차를 권한다. 그녀는 올해 2년째 기숙사 동조교 생활을 하고 있는데 그중에서 가장 무서운 순간이 "우리 딸이 며칠째 전화를 안 받아요", "친구가 3일째 연구실에 나오지 않고 있어요" 등의 연락이 왔을 때라고 한다. 사춘기여서 그러겠거니, 별 일 아니겠거니 하면서 매번 수화기를 들지 않은 다른 손을 꼬옥 쥐며 스스로를 타이른다며 웃었다. 이번 학기에는 두 번 정도 그런 일이 있었는데 그럴 땐 우선 연락처를 확인하고 본인이든, 룸메이트든 전화를 시도해본다고 한다.

"거의 대부분은 이 1단계에서 해결되지만 잘 되지 않아 방으로 뛰어가게 될 때는 정말 무서워요. 보통은 조교들 두세 명 정도가 모여 방으로 찾아가는데 그럴 때는 모두들 정말 표정이 굳어 있어요. 주변 풍경이나 사람은 눈에 들어오지 않고 해당 호실에 도착해서 '조교입니다' 하고 노크를 하고 기다리는 순간은 일 초가 한 시간 같죠."

웬만한 경우에는 큰 문제가 없는 경우가 대부분이란다. 그냥 휴대전화가 고장 났거나, 부모님과 싸운 뒤 일부러 전화를 받지 않았거나, 남자 친구랑 헤어지고 울다 잠이 들어 전화를 안 받았다거나, 전화를 받지 않는다고 연락을 해온 분이 해당 사생을 많이 좋아해서 여사생분이 일부러 피하고 있었던 경우라든가, 남자 친구와 다투고

홧김에 소주를 들이키고 취해서 화장실 바닥에서 잠들어 있었다는 것처럼 재미있는 경우도 있단다.

한 조교는 비가 부슬부슬 오는 새벽 3시에 아예 사람이 죽었다는 연락을 받고 공공 화장실로 갔는데 술에 취해 쓰러진 걸 확인하고 정말 안도했던 이야기를 정말 실감나게 잘한다. 웃으면서도 다들 다시는 일어나지 않았으면 좋겠다고 고개를 저었지만.

몇 마디 더 대화를 나누다 자리에서 일어나는 나를 배웅하며, 동 조교는 주의를 주는 걸 잊지 않았다.

"심각한 건 아니라도, 너무 스트레스가 쌓여서 돌이키기 힘들어지기 전에 중간중간 풀어주세요."

"알겠습니다."

사실 우스운 일이지만, 나도 대학원에 들어오고 두세 번 정도 삶을 그만 두는 것에 대해서 진지하게 생각해본 적이 있다. 하지만 1년 전, 자살한 지인의 장례식에 갔을 때 그 어머니가 사람의 목소리라고 생각되지 않을 정도의 통곡을 하시며 무너지는 걸 보곤 다시는 그런 생각을 하지 않겠다고 다짐했다. 아무래도 1등만 해오던, 어디에서나 인정받던 서울대생이니까 힘든 경우 남에게 의지하거나 놓아버리고 늦게 걸어가는 게 쉽지 않을 확률이 높다. 그리고 서울대생이라는 타이틀만 다를 뿐, 보통의 대학생들 중 누군가가 그렇듯 심각한 가족이나 금전문제에 처해 있는 경우도 있다.

그렇지만 아무리 아파도, 속상해도, 힘들어도, 살았으면 한다. 정말 내가 봐도 보기 싫은 꼴로 엉엉 울더라도, 옆방에서 누가 항의할 정도로 술을 먹고 난리를 피우더라도, 친구에게 똑같은 푸념을 백 번 넘게 털어놓아 미안한 마음이 들더라도, 가슴이 너무 아프고 이 일이 훗날 자기 인생에 트라우마로 남아 두고두고 괴롭힐 것 같아도 살았으면 한다. 시간의 차이가 있을 뿐, 어떤 일은 빨리 해결되고 어떤 일은 시간이 많이 걸릴 뿐 지나가고 나면 언젠가는 괜찮아질 테니까. 살아가다 보면 또 살아 있음이 행복한 일을 만나게 될 거니까. 나에게는 해당되지 않는 것처럼 느껴질 때도 있지만, 아직 오지 않은 것뿐.

소원 빌기

• 　　기숙사에 있으면 지형이 높고 공기가 맑아서 그런지 달도 별도 환하게 잘 보인다. 달은 스스로 빛을 내는 것이 아니라 태양빛을 반사해서 그런 것이란 과학적 사실을 떠나, 한밤중의 달님은 꽤나 온화하고 부드럽다. 신입생 시절 잦은 술자리에서 돌아올 때도, 4학년 때 멀리 교생 실습에서 돌아오는 길에도, 대학원 연구실에서 늦은 시각 지친 몸을 이끌고 돌아올 때도 고향에서 보던 것보다 좀 더 샛노란 빛을 띤 달님은 변함없이 그 자리에 있었다. 왠지 말을 걸고 싶은 기분. 그리고 보면 아마 중학교 때였으리라 생각한다. 추석 때 보름달을 보며 소원을 빌다 내가 작년과 다른 소원을 빌고 있다는 사실을 깨달은 것은.

'시험을 잘 치게 해주세요, 살이 빠지게 해주세요, 친구들과 반이 갈라지지 않게 해주세요' 같이 그 순간마다 가장 중요한 것은 매번 달랐고 심지어 정월 대보름의 소원이 추석까지 이어지는 경우조차 없었다. 대학교에 입학해서 변함없이 소원을 빌다 '이 소원을 쭉 3년 정도 계속해서 빌기만 해도 이루어지지 않을까?'라는 생각이 문득 들었다. 일정 기간을 버티면 어떤 신비한 힘으로 이루어지리라는 맥락에서 한 생각이 아니라, 사실 만월이든 초승달이든 거기에 의미를 부여한 건 인간이니까 '그 정도로 무언가를 굳게 믿고 생각할 수 있다면 해낼 수 있지 않을까'라는 생각이었지만.

하지만 그 이후로, 한 번도 임의로 정한 그 3년을 채워본 적은 없었다. 그 사이에 바뀌어버리거나 더 이상 중요하지 않게 되거나. 고등학교 시절, 대학에 가면 도달이라고 생각했지만 또 다시 공부를 하고, 적성을 찾고, 미래를 향해 나가고… 그 끝은 없었다. 내 소원은 해마다 바뀌었고 결국은 목표를 정하고, 갈구하고, 그것을 이루어나가기 위해 노력하는 과정이 인생이라는 생각을 하며 한 수 접게 되었다.

그러면서도 왠지 이상향이랄까, 3년간 무언가에 그만큼 오래, 순수하게 집중할 수 있다는 건 자신을, 그리고 관련된 주변을 굳게 믿는다는 말이 되는 것 같아 한번 도전해보고 싶다. 그나저나 오늘도 달이 밝다. 아마도 누군가는 달님의 변함없는 모습에 위로를 받으며, 누군가는 자신도 모르게 소원을 빌며 돌아오고 있겠지.

본부 앞 동상잔디

기숙사 하늘계단

구관 기숙사 산책길

신축 기숙사 1인실

해비타트 봉사활동

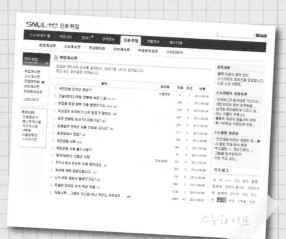

스누라이프

그림은 기술이 아니다. 그것은 법칙이나 규칙이 아니다.

그림은 개척이다 그것은 영감이다. 절대적으로 개인의 에너지다.

- '스페인 기행' 중에서 -

어린 시절 싸움 한 번 해보지 않은 사람은 드물 것이다. 학년이 올라가면서 반마다 공부를 잘하는 애와 싸움을 잘하는 애로 나누어지고 어울리는 무리들도 구분되는 것 같다. 쟤는 우리 학교 일짱이니 하는 말들도 공부와는 등진 채 싸움 잘하는 사람에게 주어지는 명예로운(?) 칭호처럼 사용되는 것 같다. 그런 순간에도 묵묵히 책상에 엉덩이를 붙이고 앉아 공부를 하는 애들은 자신들 만의 리그인 '전교 순위'의 최상위권을 유지하기 위해 참고서와 씨름하고 있다. 싸움 잘하는 아이에게는 일짱이라는 칭호를 부여하지만 공부 전교1등에게는 이 말이 무척 어색해 보인다. 사람들이 서울대생이라고 부르는 사람들은 대개 후자다. 묵묵히 어딘가 자리에 앉아 공부를 하던 그들. 그들은 '전교'라는 자신만의 리그에서 왕좌를 수성하고 있었다. 그리고 조용히 서울대 캠퍼스에 입성했다. 그래서 그랬을까?

2007년 전국생활체육 복싱선수권대회 1회전 경기의 시작종이 울리자마자 한 서울대생이 상대를 쉴 새 없이 몰아붙인 끝에 40초 만에 KO승을 거뒀다. 거기서 그치지 않았다. 그 날 출전한 두 명의 서울대생 역시 KO승을 거뒀다. 그 날 하루 서울대생 복싱부 11명 중에서 9명이 승리를 따냈다. 공부만 하고 약골일 거라는 일반의 예상과는 많이 다른 결과였던 것이다.

하지만 곰곰이 생각해보면 고개를 끄덕이게 된다. 서울대 내에서 복싱부는 무척 인기가 많은 편이다. 막 들어온 신입생부터 복학한 3·4학년까지 약해진 몸을 다스리고, 운동에 몰두하고 싶은 학생들이 많이 등록하는 동아리가 서울대 복싱부인 것이다. 누구나 그렇겠지만 유독 서울대생들은 무언가 잘하고 싶은 집념에다 이기겠다는 의욕이 강해 한번 복싱에 몰두하면 빠른 실력 향상을 보인다는 것이다. 아마 이쯤 되고 보면 서울대생이 약하다는 편견도 틀리다고 말할 수 있을 것 같다.

서울대생은 우리나라 최고 학부를 다니는 학생이라고 한다. 그래서 그런지 사회의 관심도 많이 받고 있고, 졸업 후 선택할 수 있는 진로도 상대적으로 폭넓은 편이다. 더 좋은 기업, 더 좋은 직장을 바라는 서울대생이라면 일찍부터 토익시험을 준비하거나 인턴 경력을 쌓을 수도 있고, 아니면 처음부터 행정고시나 외무고시 같은 국가공무원 시험을 준비하여 입신하는 경우도 많다. 어찌 보면 많은 서울대생이 입신양명으로부터 무관하지 않다고 볼 수 있을 것이다. 하지만 세속적인 성공과 출세에는 관심이 없는 서울대생들도 있다. 서울대 '선우회'라는 불교동아리 회원 세 명은 '영원한 대자유인'이라는 책을 읽고 불교철학에 큰 감명을 받게 되었다. 어떤 사람은 서울대 수학과였고, 또 어떤 사람은 경제학을 전공하고 있었다. 한 사람은 이미 행정고시에도 합격한 상태였는데 그 모든 것을 버리고 출가를 결심하게 되었다. 그리하여 지금은 어엿한 스님으로 수행에 정진하고 있다. 이 선배들에 관한 이야기는 KBS 다큐멘터리에도 방영된 것으로 알고 있다.

권력과 성공과 출세. 이것들에 비교적 쉽게 다가갈 수 있는 서울대생이었음에도 모든 것을 버릴 수 있는 신념과 용기를 가진 사람이 서울대생 중에 있었음이 한켠 신기하고 자랑스럽기도 하다.

서울대에는 현재 내부적인 이슈 때문에 구성원들 간에 갈등이 상존해 있는 중이다. 그런 와중에 총학생회는 총장실을 점거하여 농성을 하기도 했었다. 그때 몇몇 학생들이 대중가요의 가사를 패러디하여 만든 동영상이 인터넷에 올라오기도 했는데 많은 사람들에게 퍽 인상 깊은 모습을 남긴 것 같다. 매스컴에도 보도가 되었지만 총학생회의 점거 기간이 시험 기간이었기 때문에 점거 중에도 복도에 쭈그려 앉아 책을 보는 모습이 사람들에게 매우 이색적으로 보였나보다. 아마 그렇게 책을 보고 공부를 하는 모습을 통해서 '역시 서울대생은 달라'라고 시청자분들께서 생각하셨을지도 모르는 일이다.

너무나 당연한 말이겠지만 서울대생도 그저 평범한 사람인 것 같다. 새로운 경험을 해보기 위해 도전하는 사람도 있고, 남들과는 다른 길을 찾으며 구도의 길을 걷는 사람도 있고, 세상 속에서 살아남기 위해 치열하게 분투하는 사람도 있으니 말이다. 그럼에도 불구하고 가장 인간적이라는 말을 듣고 싶은 사람이 서울대생이 아닐까. 나는 그들 안에 활활 타오르고 있는 그 열망을 알 것만 같다.

에필로그

조장환's 에필로그

대학교 입학 후 수업 첫 날, 화학 수업이었던 것으로 기억한다. 구반포에서 학교 정문 가는 버스가 289-1이라는 것만 기억하고 있다가 멀리서 달려오는 버스를 보고 반가운 마음에 덥석 탔다. 40분 정도면 도착한다고 했었는데, 1시간 30분이 지나도 학교가 안 나와 '학교가 왜 이렇게 멀지' 하며 불안해하던 생각이 난다. 그때 반대편으로 가는 버스를 탔었다.

한참을 헤매다 도착한 학교, 수업은 이미 끝났다고 하기에 당시 기숙사에 살던 친구 방으로 발걸음을 옮겼다. 역시 길을 몰라 한참을 헤매다 정문에서부터 땀 뻘뻘 흘리며 걸어서 도착했던 기숙사. 빨간색 벽돌과 검은색 기와지붕이 조화롭게 어울려 옹기종기 모여 있는 비슷한 모양의 건물들. 넓은 잔디 구장에서 축구하는 사람들, 벤치에서 책 읽는 사람, 자기 몸보다 큰 택배를 들고 뒤뚱거리며 걷는 사람, 연인인 듯 서로 팔짱을 끼고 사랑을 속삭이던 사람들, 중국집 배달 오토바이 아저씨까지. 시야에 들어오는 모든 풍경이 낯설고 새로웠다. "나도 이 풍경 속에서 여기 이 사람들이랑 함께 부대끼고 생활하며 살고 싶다."

6년 후, 나는 학부를 졸업하고, 대학원에 진학하게 되었고, 이 풍경들과 함께 부대끼고 생활하며 사는 관악사 동조교가 되었다. 이제 반대편으로 버스를 타서 불안해하던 촌뜨기도, 학교 정문에서 기숙사까지 올라오는 길을 헤매며 힘들어 하던 새내기도 아니다. 이제 1년만 더 지나면 내 학번과 10년 차이 나는 새내기 친구들을 맞이하게 된다. 이 글을 보는 누군가는 서울대학교 13학번이 되겠지?

매번 사람이 달라지고 새로운 사람이 등장하며, 그와 함께 그리움을 남기고 떠나는 사람들도 있고 남겨진 사람들도 있다. 변하지 않는 건 함께 했던 시·공간에 대한 추억이다. 제법 긴 시간 동안 같은 장소에서 어제는 내가 새로운 사람이었고 오늘은 내가 떠나는 사람이 되는 걸 보면서 지금 느끼는 감정들을 고스란히 소중한 추억으로 남겨 생각날 때마다 꺼내보고 싶다는 생각을 했었다. 그리고 이렇게 남기게 되었다.

서울대학교 기숙사, 관악사.

관악사에서의 생활은 나에게 뜻 깊은 추억을 선물했다. 여기서 수많은 사람들과 만나고 헤어지며, 함께 했던 일들을 떠올려 보면 어느 하나 버릴 것 없는 소중한 기억들뿐이다. 내 머리가 그것을 다 기억하지는 못할지라도 내 가슴은 그 따뜻한 추억의 온기를 좋은 느낌으로 간직하고 있다. 정말 감사하다.

긴 시간 동안 좋은 사람들과 함께한 멋진 작업이었다. 이제 이렇게 막을 내린다고 하니 홀가분하기도 하고 또 한편으로는 섭섭한 마음도 든다. 하고 싶은 이야기가 아직 더 많이 남아 있는 것 같은데, 이제는 떠나야 할 시간이다. 미처 다 하지 못한 이야기는 같은 공간에서 새로운 추억을 만들고 소중히 여길 관악사의 새 식구들이 채워줄 것이라 믿고 여백으로 남겨 두려한다. 시간이 흘러 누군가는 다시 우리 이야기의 남은 여백을 채워 줄 것이다. 끝으로, 늘 곁에서 따뜻한 격려로 응원해준 지원이, 누구보다 듬직하고 자랑스러운 내 동생 성환이, 자기 이름 언제 나오나 하며 두 눈 부릅뜨고 찾고 있을 관악사 - 나의 베스트 단짝 통영 촌놈 노지, 그리고 아들이 어떤 일을 하든 항상 믿고 격려해주시는 아버지 조문권 님, 언제나 가장 사랑하는 어머니 이동희 여사님께 참으로 고맙고 감사하다는 말을 전하고 싶다.

정말 고마워요. 감사합니다.

정대영's 에필로그

서울대에 합격했다는 통보를 받았을 때 19살이었다. 3월 1일 서울대입구역에서 셔틀버스라는 것을 타고 '샤' 모양의 정문을 통과하면서 가슴이 벅차고 설레는 것을 느꼈다. 조금 과장을 보태 말하자면 세상이 다 내 것 같은 느낌이었다.

신입생 환영회, 선배들과의 대면식에 불려 다니면서 밤늦게까지 즐거운 시간들을 갖다 보면 어느새 밤 11시를 훌쩍 넘기는 것은 예사이고 차편이 끊겨서 귀가를 걱정하는 동기들도 하나 둘 일어서곤 하였다. 기숙사에 살지 않는 동기들은 택시를 타느니, 밤을 새고 새벽 첫 차를 타느니 하고 있을 때 기숙사에 사는 그룹은 언제든지 자기 방까지 걸어서 갈 수 있었으므로 마음이 편안했었다. 새벽 3시. 기숙사 그룹은 모임이 파하면 신림동에서부터 '샤' 정문을 거쳐 경영관, 환경대학원의 외곽 순환도로를 돌아 관악산 쪽으로 한참을 걸었다. 때로는 어깨동무를 하고 마음에 담은 깊은 얘기도 하면서 산길 도로를 걷다보면 산허리쯤에서 전망이 탁 트인 풀밭이 나타났다. 거기에서 바라보면 신림동의 야경으로부터 빛으로 물든 서울시 서쪽의 풍경을 볼 수 있었다. 그렇게 나의 젊음은 물들어 가고 있었다. 기숙사는 참으로 우정의 공간이었다. 우리는 한 친구의 방으로 몰려가 침대에 걸터앉아 젊음·사랑·동아리, 학업 그 모든 것들을 이야기하고 또 같이 고민했었다.

대학 2학년 때부터, 봉사활동을 본격적으로 한 것 같다. 그때 나는 인생의 동반자와 같은 친구 진석이를 만났고, 우리는 외국인 노동자들에게 한글을 가르치러 매주 복지관을 방문했었다. 동아리 활동을 하면서 너무 좋은 후배들도 많이 만났고, 다양한 전공의 사람들로부터 다양한 생각들을 배울 수 있었다. 졸업을 하고 보니 내가 잘 모르고 지냈던 동아리가 참 많았던 것 같다. 만약 대학생활을 다시 하게 된다면 여러 가지 동아리 활동을 해보고 싶다는 생각이 든다.

드디어 에필로그를 쓰다니. 이 책을 쓰는 동안 추억들을 하나하나 회상했고 모든 글들은 다 기숙사 방 안에서 쓰였다. 어느 날은 글을 쓰는데 장대비가 내리기도 했다. 비가 오면 기숙사 복도에는 물이 뚝뚝 떨어지는 우산들이 죽 늘어서 펼쳐져 있었다. 왠지 생각하면 그립고 정겨운 풍경이었다. 야식에 관한 글을 쓰면서 이 책에 소개되지 않은 미지의 메뉴를 주문도 해 보았다. 원고를 쓰는데 교수님의 호출이 이어져 술을 마시고 들어온 날도 있었다. 다 즐거운 추억이다. 글재주가 부족해서인지 쓰는 동안 고향집에도 몇 달 동안 못 가서 가족들과 함께하지 못한 적도 많았다. 나의 어머니 김금순 여사, 정혜영 내 친누나에게 참으로 고맙다는 말을 전하고 싶다.

"나, 사실은 사랑 얘기를 쓰고 싶었어."

"에? 뭐야? 그러면 '서울대 기숙사'가 아니고 '서울대 연애담' 같은 걸 쓰겠다고? 그런 걸 누가 읽어주기나 하겠어? 다 아는 시시한 얘기일 텐데 말야."

맞다. 정말 그럴지도 모른다. 그래도 이 책에 사랑이라는 코드, 공감이라는 코드를 조금이라도 넣고 싶었다. 그것이 잘 느껴질지는 정말 모르겠다. 그래도 한 가지 확실하게 말할 수 있는 건 나는 이 책에 무한한 애정을 가지고, 내 사랑을 가득 담아 썼다는 점이다. 대학생활을 과장 없이, 수수한 수채화처럼 쓰려고 노력했기에 지금은 완성된 캔버스를 바라보는 화가의 마음이 된 것 같다. 자꾸 무언가 놓친 것 같고, 뭔가 더 잘 얘기할 수 있을 것 같은데 누군가 이제 시간이 다 되었으니 접으시라고 말을 거는 것 같다. 앞으로 내게 아직 못다한 이야기들을 할 수 있는 기회가 주어진다면 정말 잘해보고 싶다. 이제 이 책을 마무리하면서 나에게 말해본다.

"다시 서울대에 입학하게 된다면, 다시 기숙사에 들어오고 싶어."

거짓말을 조금 보태어 말하자면, 떨리는 마음으로 학교에 입학한 건 마치 어제 같다. 3월이면 당연히 봄일 줄 알고 얇게 입고 상경했다가 결국엔 꽃다운 신입생과는 동떨어진 엄마의 두텁고 통통한 패딩을 입고 입학식에 참석했던 나. 그렇지만 뻔뻔하게 그런 회상을 하는 주체는 이제 몇 년만 더 버티면 대학에서 보낸 시간이 초·중·고등학교를 합친 것과 똑같아 질 사람이다.

그래도 이제 정말 졸업이다. 아직 떠나지도 않았는데, 벌써부터 그리운 풍경과 사람들이 있다. 지겹게 봤다고 하지만 봄이면 벚꽃이 만발하고 가을이면 온통 알록달록한 단풍 빛으로 물들던 학교는 예뻤다. 물론 함께 했던 사람들이 있었기 때문이라는 건 말할 필요도 없다. 인문대 아방궁에서의 꽃놀이, 사범대 페다고지의 팩차기, 버들골에서의 야유회. 지금도 한데 모여 즐겁게 놀고 있는 학생들의 근처를 지나치면 그때의 내가 사람들 사이에 끼어 살며시 미소 짓고 있을 것만 같다.

대학 생활 절반 동안 내 생활공간이자 일터였던 기숙사도 빼놓을 수 없다. 방에서 팩을 바르고 나란히 사진 찍던 기억, 여럿이서 달밤에 운동장에 누워 하늘을 쳐다보던 기억, 만두를 사 오던 룸메이트 언니를 어미 새인 양 반기던 기억, 발코니에서 함께 개기 일식을 보던 기억. 기숙사에 살고 있었기에 겪을 수 있었던 추억들이다. 이곳에서 서로 다른 전공을 가진 다양한 성격의 사람들과 만나며 많은 것을 공유하고 느끼며 배울 수 있었다.

이제는 돌아갈 수 없지만 그 기억들을 글로 남길 수 있게 되어 정말 다행이라고 생각한다. 하나하나의 에피소드를 쓰는 동안 그 시절의 웃음소리가 들려오는 듯한 기분이 들었다. 물론 다시 한 번 겪고 싶은 순간도 있고, 돌아간다면 다시는 그렇게 하지 않겠다는 선택지도 적지 않다. 그렇지만 글을 쓰면서 웃기도 하고, 울기도 했던 그 순간들을 그리워하는 나를 발견하고는 깨닫게 되었다. 그 어느 하나 빼고는 분류할 수 없는 소중한 추억이 되었다는 사실을.

아무쪼록 이 책을 읽는 누군가에게는 나와 비슷한 아련함과 공감을, 또 다른 누군가에게는 서울대 기숙사에서의 생활에 대한 설렘과 기대를 가져다 줄 수 있기를. 어쨌거나 이건 내 이야기이자, 서울대생들의 이야기이기도 하면서 언젠가 이곳에서 생활할 누군가의 이야기이기도 하니까.

끝으로 서울에서 잘 챙겨드리지도 못하는 딸을 변함없이 사랑해 주시는 부모님, 또 다른 소중한 추억 윤희와 재연, 결혼식과 장례식 필참멤버 지원, 은정 언니, 민하 언니, 홍열 선배, 고운 정 미운 정 다 쌓인 대표조교들께 감사드린다.

그리고 언제나 힘이 되어 준, 세상에서 가장 멋진 오빠에게도.

기숙사 운동장에서 벌어진 사생 토너먼트에 출전한 선수로서. 객쩍게 기숙사를 배회하다 Space 599에 발길을 붙잡혔던 관람객으로서. 수줍은 표정으로 여학생 기숙사동 앞에서 사탕을 건넸던 남학생으로서. 동 조교 형의 낭만적인 사랑 이야기를 설렌 마음으로 들었던 사생으로서. 『서울대 기숙사』는 우리네 청춘의 이야기를 한 아름 담고 있습니다. 서울대 기숙사는 울고 웃음 지을 수 있는 사람들이 모인 곳입니다. 바로 이곳에 제가 살고 있었네요.

● 서울대 종교학과 10학번 이대보

그 땐 미처 글로 담지 못했던 내 기숙사에서의 추억을 누군가 대신 간직해준 것 같아, 저자들에게 고마울 따름이다. 옛 룸메이트와 함께 했던 그 보쌈이 간절해지는 날이다.

● 서울대 아동가족학과 대학원 강수정

집 떠나와 타지생활이 이제 만 7년. 그간 좋든 싫든 스친 인연이 몇이고, 컴컴한 밤에 뱃속으로 들어간 닭이 몇이고, 웃고 울며 지새운 밤이 몇일까. 운명이라고 표현하기엔 억지스러울지도 모르지만 우연이라고 표현하기엔 한없이 아쉬울 것 같은 만남, 사건, 감상의 기록. 읽는 내내 추억들이 하나 둘 고개를 들어 마음에 즐거운 소란이 일었다.

● 서울대 경제학과 대학원 송미정

20살 입학식 후 기숙사까지 낯선 길을 걸어 오르며 다짐했던 내 꿈. 그 꿈을 품어준 기숙사는 내겐 이젠 너무 소중한 공간이다. 이 책은 꿈을 향해 한 걸음씩 내딛는 청춘들의 발자국이며 또 다른 도약을 위한 디딤돌이 될 것이다.

● 서울대 농경제학과 대학원 이주관

기숙사 생활의 A to Z가 들어있는 기숙사 생활 백과!! 『서울대 기숙사』. 서울대학교 기숙사생의 와일드하고 버라이어티한 모든 이야기가 이 한 권에 들어있다!

● 서울대 영어교육학과 10학번 강성민

기숙사 룸메이트랑 수다 떨면서 입학식 간 것이 엊그제 같은데… 지난 1년을 되돌아보는 나의 일기장 같은 책이다. 웃을 일도 많았고 차마 웃지 못 할 일도 많았는데, 이런 추억들이 『서울대 기숙사』라는 책에 고스란히 담겨있어 격하게 공감하며 읽었다. 아마 많은 학우들도 책을 읽으며 나처럼 생각하리라… 서울대 Life, 한번 읽어보고 싶지 않은가?

● 서울대 바이오소재공학과 11학번 이승준

이 책은 트로이의 목마와 같은 책이다. 우리가 밖에서 서울대학교를 볼 때는 마치 들어갈 수도 없는 다른 세상과도 같이 느껴지는 공간이지만, 이 책을 통해서 서울대학교와 서울대 기숙사의 내면을 엿볼 수 있게 해주기 때문이다. 관악산 산자락 끝에서 피어나는 추억과 사랑과 감동을 한 번쯤 느껴보고 싶다면 이 책을 권유하고 싶다.

● 서울대 언론정보학과 11학번 안하민

이 책은 서울대생이라면 그저 공부밖에 모르는 냉혈한일 것이라 지레짐작하는 사람들에게 회심의 어퍼컷을 날린다. 짧지만 사람을 바라보는 세심하고 정성어린 눈길이 살아있는 에피소드 한 편 한 편마다 '서울대생'이라는 겉표지 속에 숨어 있는 그들의 희로애락과 거기서 우러나는 인간적 면모를 여지없이 보여준다. 단 한 번이라도 '서울대 사람들'에 대해 호기심을 가져본 모든 이들에게 일독을 권하고 싶다. 학교의 이름에 가려져 있던 그들의 진면목을 알게 되는 순간마다 한 여름 무더위에 시원한 사이다 한 잔을 들이키고 난 것처럼 답답함이 뻥 뚫리는 쾌감을 맛볼 수 있을 것이다.

● 서울대 차유전공학부 11학번 김진영

시내버스가 다니며 이슬람 기도실부터 미팅 장소까지 갖추어진 조그만 마을, 서울대학교 기숙사! 그곳에 사는 20대 학생들의 평범하고도 특별한 일상이 여기에 조감도처럼 담겨 있습니다. 관악산 속 '서울대 마을'의 벚꽃과 매미소리, 낙엽과 함박눈을 맛보고 싶으신 분께 이 책을 추천합니다.

● 서울대 이학과 11학번 이태윤

여러모로 재밌는 서울대 관악사 트리오가 제가 조교생활을 하는 곳의 이야기를 세상에 내놓는다는 말을 들었을 때 든 생각은 단 하나, "어서 보고 싶다!" 지금 따끈따끈한 글을 보며 드는 생각은 단하나, "같이 보고 싶다!" 관악사의 작은 이야기들을 차 한 잔과 함께 둘러보시길 권합니다.

● 서울대 경영학과 대학원 차도형

기숙사 식당에서 북적북적 밤늦게까지 시험 공부하던 날들, 글로벌하우스 휴게실에서 라면 먹던 일들, 사랑채에서 친구들과 조별 과제하던 일들, 봄날 벚꽃 구경하며 기숙사 길을 오르던 날들까지. 어느 샌가 수북이 쌓인 내 기숙사에서의 추억들을 되돌아볼 수 있는 계기를 이 책이 주어서 고마울 따름이다.

● 서울대 재료공학과 10학번 김금도

또각! 하고 함께 땄던 맥주 캔. 짠! 하고 부딪혔던 소주 잔.
그 속에 한 올 한 올 풀어냈던 이야기가 한 보따리요, 고민거리가 한 짐이로세.
아마 우리가 맞대었던 건 한 잔 술이 아닌 우리네 청춘일 터.
이를 양분삼아 옹골차게 자라났던 그 젊음을
다시금 이곳, 『서울대 기숙사』에 오롯이 풀어놓은 것 같네.

● 서울대 환경계획학과 대학원 김병두

저자 소개

조장환

경남 마산고등학교를 졸업한 조장환은 2003년 서울대학교 산림환경학과에 입학하여 2009년 동대학원에 진학, 석사 학위를 받았다. 학부 시절에는 서울대 기숙사의 사생으로 살다가 2010년에는 기숙사 921동의 동조교, 2011년에는 900동의 동조교로 활동하였다.

숲과 나무 환경에 관심이 많은 조장환은 항상 자신만의 목표를 세우고, 열정적으로 도전한다. 그만큼 인생을 충실하게 사는 사람도 없을 것이다. 인간관계도 원만해서 어떤 조직에서도 적이 없으며, 모든 사람에게 좋은 선후배이자 친구로 남는다.

정대영

함께 있으면 편안한 느낌을 주는 정대영은 수원 수성고등학교를 나와 서울대학교 국어교육과를 졸업하고 동대학원 석사를 취득하였다.

사람들은 그를 만나면 속에 있는 깊은 것까지 다 말할 수 있을 것 같다고 말하곤 한다. 서울대 기숙사에 살다가 동조교가 되는 것에 뜻을 품고 2010년에는 922동, 904동에서 일하고, 2011년에는 921동에서 동조교로서 근무하였다. 부드러운 외모와 문학청년의 이미지만을 떠올리기 쉽지만 유머, 요리, 운동, 경제 등 다방면에 걸쳐 함께 이야기하는 걸 좋아한다.

윤혜령

부산 학산여자고등학교를 졸업한 윤혜령은 2004년 서울대학교 영어교육과에 입학했고 2007년 동대학원에 진학, 석사학위를 받았다. 서울대학교 관악사에서는 2008년 동조교를, 2009년부터 2011년 초까지 대표조교 업무를 수행하였다. 다정함과 세심함으로 사람의 마음을 감화시킬 줄 알며, 언제나 웃음을 잃지 않는 따뜻한 마음씨의 소유자이다. 차를 무척 좋아해 사람들과 이야기를 할 때 항상 직접 준비한 차와 예쁜 잔들을 가지고 다니는 그녀의 이야기에서는 늘 온기가 묻어난다.